JN071624

聖書教養
エッセー1

そうか、なるほど

《福音書、パウロ書簡前半編》

中島總一郎 著

まえがき

本書の表題を「聖書教養エッセー」としました。エッセーとは、くつろいだ形式で書かれた感想風の小論文のことです。随筆とも言われ、その内容は、評論、随想、論説などです。

つい最近まではエッセイとも言われましたが、近頃はエッセーと表示することが多いようです。仏語で essai 英語で essay と表記するからでしょうか。随筆家、評論家のことをエッセイストと言います。

表題に「教養」と付したのは、「教義」や「解釈」としたのでは神学的で少々固くなってしまうし、本書の内容が聖書の御言葉の意味を私なりに理解し、瞑想、咀嚼して、それなりの学問的品位を保ちつつ、聖書の知識を養えるように記述したからです。

私は日々のディボーション（聖書精読、祈り、讃美などによって、神との交わりを持つ、個人的礼拝）で、同一箇所の数種類の訳の聖書と、その書の緒論や章の注解書を数冊並行して読み直しています。学び直していると、御言葉に含まれる意味や解釈が、従来身に付けたこととは違った、新しい内容を伴って、強く閃きのように教示されることがあります。

この打ち開かれた新しい知識を文書にしてみたいと思い、エッセー風にまとめ、よく考えた正しい意味を、かみくだいた記述で味わえるようにしてみました。それが本書の各短文です。

本書の内容は、福音書にある主イエス・キリストの生涯とパウロ書簡の前半が中心となっています。引用の御言葉は、日本聖書協会の口語訳をおもに用いています（無表示）が、新改訳や新共同訳等の聖書からも引用しました。

目次

第一部

御子キリストの生き方

イエスは、この書に書かれていないしるしを、ほかにも多く、弟子たちの前で行われた。しかし、これらのことを書いたのは、あなたがたがイエスは神の子キリストであると信じるためであり、また、そう信じて、イエスの名によって命を得るためである。（ヨハネ二〇31）

善をもって悪に勝つ

「善をもって悪に打ち勝つ」という方法がある。悪を為す敵の頭に善という炭火を積むという方法である（ローマ一二20～21、箴言二五21～22参照）。パウロはこの方法をイエス・キリストから学んだ。

イエス・キリストは、善をもって悪に打ち勝つ方法を、どのように教えているだろうか。右の頰を打つ者にはほかの頰をも向け、下着を取ろうとする者へは上着をも与える、という方法によってである（マタイ五39、40参照）。

イエス・キリストは、善をもって悪に勝つことを単に教えるだけでなく、ご自分でそれを実行され、実例を示された。嫉妬と憎悪によってご自分を殺そうとする律法学者や祭司長たちに対して、自ら進んで十字架に昇られ、彼らを赦し愛する、ということによってである。ご自分の命を懸けて愛するという善によって、人類の心の奥底にある悪に打ち勝たれた。

キリストが私たちに示される解決方法は、人がとても考えの及ばない解決法であって、しかも世が提示する解決法よりも抜きん出て効果があり、この世に通じる、神の知恵による、優れた解決方法である。

失われた一匹よりも捜し出した羊飼の喜び

ルカ伝一五章に、九十九匹の羊を野に置いてでも、迷い出た一匹を捜す羊飼の譬《たとえ》がある。当時よくある、何の変哲もない羊飼の行動のように見える。しかし、よく読むと「おやっ」と思い、どうしてだろうと考えさせられる譬話になっている。すなわち、捜し出された羊の喜びについては一言も触れられていないが、捜し出した羊飼が喜び、天にも大きい喜びがある、と書かれていることである。

これが人の語る物語と神の言葉である聖書の違いである。人の喜びに価値を見いだす物語と、神を父とする信仰の話との違いである。人の物語では、捜し出されて見いだされた羊の側の喜びに中心を置きやすい。しかし、信仰が書かれている聖書は、羊の喜びはさて置き、そのことによる神の喜びが中心となり重きが置かれて語られる。

失われた羊一匹（人）を捜し出し、見いだし、肩に乗せて帰ってくる羊飼（神）は、友人や隣り人を呼び集めて、「わたしと一緒に喜んでください」（ルカ一五6）と大騒ぎをする。その喜びは九十九人の正しい人がほかにいることに勝って、大きい喜びが、羊飼にも天にもある（同7節参照）。

信仰は、人が喜ぶことに中心があるのではない。愛なる神が愛の実現されたところに、どんなにか大きな神の喜びがあるか、ということがより重要な中心である。神に喜んでいただくところに、人の真の喜びがある。だからこそ、パウロは次のように言う。「罪の性質に従っている人は自分を喜ばせようとしますが、聖霊に従って歩む人は、神に喜んでいただこうとします」（ローマ八5、リビングバイブル）。

茨の冠の意味

我が家の庭に、一本のレモンの木が植樹されている。これでもかと思われるほどに長く鋭い刺を持った何本かの青々とした固い枝を生やしている。レモンの実を鳥たちについばまれるのを防ぐための自己防衛機能なのであろうか。

この刺を見るたびに、主イエスがローマ総督ピラトの裁判の後に、兵士たちによってかぶせられた茨の冠を思い出す。このような長くて鋭い刺を持った茨の輪冠を、頭皮を突き破ってかぶせて固定させたのであろう（マタイ二七29参照）。額には幾筋もの血が流れて覆ったに違いない。

冠の茨は何を表しているのだろうか。それは神の呪いを象徴している。アダムとエバが罪を犯して、エデンの園から追い出されて着いた地は、茨とあざみが満ちていた（創世三18参照）。

この茨とあざみは、世の諸々の苦しみを象徴している。世で生活する中での失意、病気、死、焦燥、悲嘆、苦痛などを意味している。主イエスは、人が神のもとを離れて負わねばならなくなったこれらの苦しみを、十字架にかかる前に自らが負われた。そのようにされたのは、この呪いを自らが引き受けることによって、人々を罪から解放し、呪いを取り除き、楽園へ再び連れ戻すためであった。

茨はこれらの苦しみの象徴であるが、主イエスは、神の呪いをご自分で負われ、その結果神から棄《す》てられ、神との関係を切り離され、極苦の陰府《よみ》へと落とされることになった。本来はこの審きを私たち一人ひとりが受けねばならないものであった。主イエスはそれを身代わられた。人々がもう一度神の御前に立って、幸いを得ることができるようにするためであった。

イエスを見て真理を知る

発した当人がそれほどの深い意味をもって言ったのではない言葉をもって、神は重要な意味を示される時がある。その人を証し人や預言者の如くに用いられる。それが、ピラトが主イエスを裁いている間に発した言葉である。すなわち、「真理とは何か」（ヨハネ一八38）と「エッケ、ホモ」（ヨハネ一九5、ラテン語で「この人を見よ」の意味）である。

絶対不動の神を現し、真理そのものである神を受肉のうちに現し、聖にして義なる神が人の形をとって現れたお方、それがイエス・キリストである。堕落して罪に汚れた人類を、最後まで愛し通し、その罪を代わって負い、ついに永遠の命を与えて、御国にまで導く愛のお方、それがイエス・キリストである。彼のうちに、人の生き方のすべてが詰まっている。

人は何者なのか、人はどう生きるべきなのか、人は死んだ後にどこへ行こうとしているのか、神は存在しているのか、どんなご意志・御心を持っておられるのか、神はどんなご計画を持ってそれを実現しようとしておられるのか、神はどんな性質・特性を持ったお方なのか、これらの諸々の問いへの答えが真理である。

そして、この「真理が何であるのか」を知るには、「この人を見よ」である。御子イエス・キリストを見れば、上記の真理を明確に知ることができ、鮮明に見ることができる。

この人をしっかりと見詰めて、真理を知っていきたい。

なぜユダは裏切りに至ったのか

私には、長年疑問に思いながらも深く考えずに、そのままにしておいた事柄があった。主イエス・キリストから十二弟子に選ばれていながら、イスカリオテのユダはなぜイエスを裏切って、祭司長たちへ、安価な銀貨三十枚で売り渡したのか（マタイ二六15）ということである。

主イエスは徹夜までして、多くの弟子の中から十二人を使徒として選ばれた（ルカ六13参照）。また、イエスご自身でさえ、「あなたがたをわたしが選んだ」と言っておられる（ヨハネ六70参照）。主イエスの選びに間違いがあったのか。そんな事あるはずがない。それではどうして、ユダだけは、自殺にまで至ってしまったのか。

主イエスに選ばれたからといって、誰だって、私たちを含めて、最初から完全な人などいるわけではない。どこかに罪を持ち、欲を持ち、野望も期待も持っている。ユダを除いた十一弟子たちだって同じようなもので、似たり寄ったりである。①主イエスに政治的な救世主を求めるとか（使徒一6参照）、②十二人中誰が一番偉いのかとか（ルカ二二24参照）、③御国では王であるあなたの右大臣、左大臣にしてくれ（マタイ二〇21参照）などの野望は、チームの財務係でユダが金袋から少しずつ資金を盗んでいた（ヨハネ一二6参照）という貪欲とは五十歩百歩で、何ら大きな差はない。それがなぜ、最終的に十一弟子は殉教をも辞さずに宣教に就く使徒となり、一人ユダだけは、イエス・キリストを離れて行って、十字架につけて殺す手助けをする者になってしまったのか。

その根本原因は、自分が向き合うべき、生きることへの真摯さと真面目さにある。主イエスの選びは間違いではなかった。どんな人であれ、神の道を歩み始める時点においては、上記のような野望や欲望や汚れを持っていることは、主イエスは十分ご存知である。主イエスは、その人の現在を見るのではなく、将来の可能性に期待して選ばれる。主イエスと共に歩み、その期待に応え、可能性に花を咲かせるのかどうかは、その人に責任がある。十一弟子は、主イエスと生活を共にし、訓練を受ける期間を通して、途中で躓《つまず》いたり（マルコ九28参照）叱責を受けたりしながらも（マタイ一六23、ルカ八25、マルコ一四37〜38参照）、主イエスの期待に応えて、次第に自分の霊性を整え、可能性を開かせていった。ところがユダだけは、主イエスの示唆や赦しや指摘を受けても、自分に返って反省することもなく、貪《むさぼ》りの欲の誘惑に自らを任せるままにし、イエスに落胆し投げやりとなって、イエスを憎むまでになってしまった。

主イエスのそばにいて、共に生活しながら自分の人格を成長変革していくのか、ますます悪へ向かって落ちていく自分のままに放置しておくのかの違いである。私たちキリスト者の歩みは、どちらかでしかない。

主イエスを売った祭司長たちの所へ、「罪のない人を売ってしまった」（マタイ二七4参照）と、銀貨三十枚を返しに行った（マタイ二七3参照）ことは、ユダにもまだほんの少しは良心が残っていたことを示すであろう。だがその後がいけない。良心が目覚めたならば、なぜ悔い改めて、主イエスの所へ帰らなかったのか。立ち返らずに自死を選んだことは、まだそれだけ主イエスに信頼を置いておらず、ここでも主イエスを拒絶するという罪を犯している。ユダの頑《かたく》なな心に哀れささえ感じ、残念でならない。

奇しき出会い

偶然の出会いが、自分の人生の禍福を決めると言ってよい。

私は二十二歳のときに日比谷図書館の書庫で、カール・ヒルティの『幸福論』に出会い、その記述から聖書を買って読み、主イエス・キリストと出会った。あの時、学習に疲れたために気分転換をしようと席を立たなかったら、ヒルティに会うことはなかったであろう。就職活動の最中に急性腎炎に罹《かか》らなかったら、床上で天井を見つめつつ、自分の人生の意味を深く考えることもなかったであろう。クリスマスの近いあの時に、立川駅から降りてきて、東京聖書学院の修養生による路傍伝道と集会に招かれなかったら、私がすでに神の子なんだということを知らされることはなかったであろう。

ビア・ドロローサ（悲しみの路）で、主イエスの刑場行きの十字架を、無理矢理背負わされたクレネ人シモン（マタイ二七32参照）は、あの時、一時間前にあそこを通っていたら、あるいは一時間後に通っていたら、崩れ落ちるイエスの血だらけの身体から引き剝がされた十字架を、自分が負わねばならないことにはならなかったであろう。だがこれを機会に、シモンも妻や子どもたちもクリスチャン家庭になったことが記されている（マルコ一五21、ローマ一六13、使徒一三1参照)。

その時は、シモンにとってどれほどの恥辱であり、迷惑千万なことであり、先を急ぐことの邪魔であったかしれない。しかし、そのイエスとの出会いが、シモンの人生を変え、至福な者へと招き入れられることになった。

人生はその時の現在の短期間だけを見たのでは、その意味が分からない。だが人生の終わりを含めた全体に立って見るときに、その事件が自分にとってどんなにか幸いな機会であったかが分かる。私たちは誰も、現在の苦難に悲嘆するのではなく、神の愛の各自へのご計画の中にある、人生全体に立って、そのことを見詰めるようにしたい。

自分ではなく、神を喜ばす

既述第二節（九頁）の「失われた一匹よりも捜し出した羊飼の喜び」で、次のように書いた。「信仰は人が喜ぶことに中心があるのではなく、愛なる神において愛が実現されるところに、どんなにか大きな神の喜びがあるか、ということがより重要なことである」と。このことについて、もう少し説明を加えたい。

愛が「自分の損得を顧みずに、相手が益を受けることを選んで、それを実行すること」であるように、喜びというものは、自分が喜ぶ以上に、他に喜んでもらうところに本当の喜びがある。自分が何かによって喜んだり、喜びを得ることは、自己満足の域を出ず、真の喜びにはならない。それよりも自分が他に何かをしてあげて、それによって喜んでもらえるところに、自分の真の喜びはある。だから、人は喜びを得るために、奉仕をしたり仕事をしたりする。

キリスト教における、中心となり重要視される喜びは、この真の喜びのほうである。自分が主から何かをしていただいて喜ぶことも喜びではあるが、それよりもクリスチャンが主に仕えて、主に喜んでいただけることをしたり、主が喜んでくださる生き方をして、主がお喜びになる状態に自分があるところに、真の自分の喜びがある。この喜びを確実に与えることを約束するのがキリスト教である。

私たちが小さい者に何かをしてあげるのは、主に喜んでいただくためである（マタイ二五40参照）。私たちが新生を受けることは、主にとって大きな喜びである（ルカ一五10、7参照）。私たちがきよめられ、神の聖と義と愛を目標として、これらが自分に現れるように生活することは、主にとって大きな喜びである（レビ一一45参照）。

ルカ伝一五章にある三つの譬《たとえ》において共通していることは、捜し出されたほう（小羊、銭、放蕩息子）が喜ぶことにはほとんど触れられていないが、捜し出した神のほうの喜びが中心に語られている。キリスト者の行動と生き方で重要なことは、自分自身が喜ぶことを自分にするのではなく、神が喜んでくださることをして、神に喜んでいただく生き方をすることである。

そういうわけで、パウロはテサロニケ教会の人々へ、次のように勧告する。「最後に、兄弟たちよ。わたしたちは主イエスにあってあなたがたに願いかつ勧める。あなたがたが、どのように歩いて神を喜ばすべきかをわたしたちから学んだように、また、いま歩いているとおりに、ますます歩き続けなさい」（Ⅰテサロニケ四1）。

愛する者になる

主イエスは次のように言われた。「わたしのいましめは、これである。わたしがあなたがたを愛したように、あなたがたも互に愛し合いなさい」（ヨハネ一五12）。この愛について黙想してみたい。

愛は、ギリシヤ語では四種類に分類表示されていて、

①ストルゲー（親子愛、情愛）、
②フィリア（友愛、師弟愛）、
③エロース（男女愛、性愛）、
④アガペー（神愛、聖愛）、

がある。このうちの③エロースと④アガペーを取り上げると、③・④は全く反対の特徴を示す。

エロースは、(イ)価値あるものへの愛であり、(ロ)自分が所有することを求める愛であるが、アガペーは、(イ)全く無価値な、取り柄のないものへの愛であり、(ロ)自分が所有しているものを与えようとする愛である。エロースは、人間が捨てきれない愛であり、アガペーは、

神の本質を示す愛である。

人間は原初にあって、アガペー的愛によって神と交わるように創られ、エデンの園で生活していた。ところがサタンの誘惑に乗って、愛のリトマス試験紙となる「食べるな」との神の意向に反して、食べて罪を犯し、エロース的愛を強く持つ者になってしまった。人は、創られた時の本来の人間に戻り、エロース的愛の束縛から解放されて、アガペー的愛をもって生活する者に再創造されねばならない。

どうしたらアガペー的愛をもって生活する、本来の人間に新しく生まれ変わることができるのであろうか。それにはアガペー愛に触れることである。命までも捨てて愛してやまないキリストのアガペーの愛に包まれることである。罪深く卑しく、何の価値もない自分を、命を懸けてまで愛してくださるアガペー愛を知った者は、アガペー愛へと飛び込んでいき、自分をアガペー愛に委ねるようになる。

その結果、エロース愛は薄められるようになり、アガペー愛に濃く染まった者になっていく。神の持つアガペーの力によって造り変えられた人は、今度は自分がアガペー愛をもって他の人々に仕え、自分自身を与えようと、キリストに似る者に変わっていく。

女性の麗しき特質

私は男性であって、男の性格や働きなど、男性の良きところを言述することが多い。今回は女性について心を寄せ、称讃してみたい。

驚くことの一つは、福音書において、主イエスに敵対する男性群はあまたあるが、女性において、主イエスを非難したり拒絶行動を取った人がほとんどいないことである。

男性は理性で理解しようとする傾向があるので、主イエスがキリスト（救い主）であることをどうしても受け入れられず、納得しての交わりを持つことができにくい。主イエスが神の御子であり、贖罪の救い主であり、永遠の命を約束する復活者であることは、理性によってではなく、霊性によって受納しなければならない。この点で女性は霊性に恵まれ、長《た》けているのではなかろうか。女性は理性によって真理を明確に把握しなくても、直感的に主イエスが自分の救い主であることに気付き、受容する。

イエスがキリストであることを霊感した女性たちは、それまで女性の内に眠っていた本性が目覚めさせられ、ますます優しく、あわれみ深く、美しくなって、それが行動となって現れる。そうでなければ、あのマリヤのように、涙でイエスの足を洗い、長い髪でそれを拭き取る（ルカ七38、ヨハネ一一2参照）などということはできるものではない。

女性がするどんな小さなことであれ、それが愛の行為であるならば、そのまま消えて忘れ去られてしまうことはなく、その香りは家中いっぱいに広まり（ヨハネ一二3参照）、聖書に記されて、全世界に何世紀にもわたって語り継がれる事件となる（マルコ一四9参照）。主イエスの葬りの準備として、高価なナルドの香油をイエスの頭に注いだマリヤのようにである（マルコ一四3、8参照）。また、ヴェロニカがビア・ドロローサのイエスに走り寄って、顔の血と汗を拭った布に、現在もイエスの顔影が残っているとの伝承があるようにである。どんなつまらそうに見える小さな行為でも、愛をもってなされたことは、キリストの像がそれに刻まれて、あるいは聖書に記されて、いつまでも残る。

主イエスを自らの救い主と知った女性は、その後、自分の性格と気質とを、ますます慈《いつく》しみと愛に溢れた、品位の高い婦人へと変えられていく。

傷付き苦しみの中にあるイエス・キリストに、献げることのできる私たちの働きには、二種類ある。クレネ人シモンのように、キリストに代わって十字架を負う頑丈な肩の提供と、マリヤやヴェロニカがしたように、イエスの心霊の琴線に触れるような優しい行いを献げることである。

人の言葉の内にある神の摂理

ピラトが言った「わたしが書いたことは、書いたままにしておけ」（ヨハネ一九22）について二つのことを考えてみたい。一つは、主イエスが偽りによって訴えられたことが暴露されたこと。二つ目は、ピラトが預言者になったことである。

一つ目について――ピラトがこのように言ったのは、主イエスの十字架上の罪状書きに「ユダヤ人の王」と掲示したことに対し、パリサイ人や祭司長たちユダヤ人が、そうは書かないでくれと不服を申し立ててきたからである（ヨハネ一九21参照）。

ユダヤ人たちは、主イエスを死刑にする口実として、「わたしは王であると言っている」（ルカ二三2参照）、「私たちにカイザル以外に王はない」（ヨハネ一九15参照）、「（自分が王だと言って）カイザルに反逆する者を罰しないあなたは、カイザルに背く者となる」（ヨハネ一九12参照）とピラトに詰め寄った。これに対し、イエスに罪はなく（ルカ二三4、14参照）、許して解放してあげよう（ルカ二三16、ヨハネ一九12参照）と努めていたピラトは、こうまで言われ追い詰められて、窮地に立たされ、暴動寸前の「十字架につけよ」の叫びに屈して、イエスをユダヤ人に引き渡した（ルカ二三23～24参照）。

屈辱を味わわされたピラトは、その腹いせに、また皮肉を込めて、罪状書きに「ユダヤ人の王」と書いた（ルカ二三38）のであるが、今度はユダヤ人たちは、「王だと訴えたが、王ではないから、そう書かないでくれ」と、不満を言ってきた。ユダヤ人たちには矛盾があり、最初に訴えた理由は虚偽であったことを、ここで暴露している。

二つ目について——ピラトは「私が書いた」と言っているが、ピラトには自覚はないが、「イエスは王である」と神から書かされたのである。しかも、ご親切にも、罪状書きには三言語で並記された。ヘブル語とギリシヤ語とローマのラテン語とである（ヨハネ一九20参照）。

ヘブル語は宗教を代表している。ギリシヤ語は哲学や詩などの文化を代表している。ラテン語は統治と法律を代表している。すなわち、主イエスは人間の活動のすべてを、御手の内に収めて支配しておられる王である、とピラトは宣言したのである。

現代の社会や世界を見るにつけ、ピラトが無自覚に預言したことが、神によって成就されつつあることを、私たちは確認することができる。

十字架から降りないわけ

主イエス・キリストが十字架にかけられ、釘で打ち貫かれた手の肉が自重で裂け、茨の冠で血をしたたらせ、脱水の渇きと全身の痙攣で息ができないほどに苦しんでいる最中《さなか》に、その下では見物の群衆や祭司長、パリサイ人、刑執行のローマ兵などは、主イエスに罵《ば》詈雑言《りぞうごん》を浴びせて嘲弄の限りを尽くした。「神殿を打ちこわして三日のうちに建てる者よ。お前がもし神の子だと言うのなら、自分を救ったらいいじゃないか。そして十字架から降りてこい」(マタイ二七40参照)、「他人を癒したり悪霊から解放して救っておきながら、いざ自分のこととなると救うことができない。いますぐ十字架から降りてみよ。そうしたらお前を神の子メシヤだと信じてやる」(マタイ二七42、マルコ一五32参照)。

この「自分で十字架から降りてきたらいい」との言葉にまで来た時に、車田秋次主任牧師が、上野教会の講壇から礼拝メッセージされた説教を、強裂な印象をもって思い出す。

「イエス様が、あの時、十字架から降りてきてしまわれたら、今のあなたは救われていますか」、「主イエスは降りてこようと思えば降りることができた。だが十字架上に留《とど》まって、苦しむことのほうを選ばれた」、「あなたを贖罪し、神の御旨に従い、人類の救いを完成させるためであった」、「極苦を味わい、命を捨ててまでしても、あなたと人々を救おうとして、十字架に留まられた」、「この愛と恵みと忍耐に、むしろ深く感謝しなければいけない」と。

このメッセージを聞くまでは、信仰歴の浅い若者だった私は、「なぜ主イエスは群衆たちからあそこまで罵《ののし》られていながら、降りてこなかったのか。実際は降りてくる力がなかったのではないか」と疑問に思っていた。しかし、このメッセージを聞いて、疑問は完全に払拭され、感謝に変わり、信仰を深められた。

神の御業の縮図

キリストが二人の強盗と共に十字架にかけられ、そこで交わされた会話が、短く五節の間（ルカ二三39〜43参照）に記されている。これを霊感して福音書に書かせられたことにも、神の御旨を感じる。私たちはこの五節内のことを十字架事件の一こま程度にしか見ないかもしれない。しかしこの内にも、神の救いの経綸の縮図を見る。

ローマの官憲側は、イエスの処刑と共に、前から予定されていた二人の刑を実行しようとしたのかもしれない。しかし、そこには私たち罪人の真中にあって、救いの働きをされる主イエスを見る。イエス・キリストは、お一人で十字架にかかるのではなく、二人の強盗と共にかかられた。このようにイエスは、罪人と一つになるためにこの世に来られた。極悪人であろうとも、イエスは自ら進んで罪人と運命を共にしてくださることを、ここに読み取ることができる。

イエスの十字架の周囲には、弟子ヨハネや母親マリヤをはじめとして、ついてきた女性たちがいる。それよりもさらにイエスに近く二人の罪人はいて、イエスに会い、見て聞いている。このように、どんなに近くイエスのそばにあっても、一方は悔い改めてパラダイスへ入り、もう一方はイエスに悪口を言いつづけ、自暴自棄に陥って陰府《よみ》へと下っていく。一方の強盗が罵《ののし》っているのに、もう一方の強盗は、「お互は自分のやった報いを受けているのだから、こうなったのは当然だ」、「おまえは同じ刑を受けていながら、神を恐れないのか」（ルカ二三41、40）と言っている。そしてイエスに向かって、「あなたが御国の権威をもっておいでになる時には、わたしを思い出してください」（同二三42）と、イエスを神の子と認め、懇願している。

彼がなぜ急にこのような心境になったのだろうか。それは、かつてイエスの説教を聞いたことがあったのかもしれない。悪霊を追い出し、病を癒やす奇蹟を見たことがあったのかもしれない。今、隣りにいる十字架上のイエスの言動に、忍耐、沈着、執り成しの愛といった神々しさを見て取り、我に返ったのかもしれない。あるいは、イエスの母マリヤと同じように、自分の育ての母親が十字架の下にいて、悲しみのうちに祈る姿を目にしたのかもしれない。何はともあれ、一方の罪人は回心し、御子イエスに願った。その結果、「あなたはきょう、わたしと一緒にパラダイスにいる」（同二三43）との約束を得た。

十字架にかけられた二人の強盗の振舞いは、これ以後も今日に至るまで、全世界で引き続き展開されている状況である。最後の審判になって、その前に悔い改めた者は主の右に、悔い改めなかった者は左に立つことになる（マタイ二五33参照）。

悔い改めることに遅過ぎはない。死の間際にいる罪人でさえ、パラダイスへ迎え入れられる。どんな極悪人であっても、信じてイエスのみもとに来る者は捨てないと、主は言われる。これが福音である。

なぜ、お見捨てに…

「わが神、わが神、どうしてわたしをお見捨てになったのですか」（マタイ二七46）。これは主イエスの十字架上の七言といわれる中の第四言である。私はこの言葉のうちに福音の凝縮を見る。

この御言葉についてよく問われることは、「イエスは本当に神に見捨てられたと思って、このように言ったのであろうか」とか、「神は本当に御子を見捨ててしまわれたのだろうか」ということである。答えを先に言うと、天の父は本当にご自分の御子をお捨てになった。そして、主イエスも完全に捨てられることを受け入れた。それでもそこには、僅かな父への信頼もあった、ということである。

主イエスは、今までに誰に裏切られようと、周囲の人々、いや弟子たちからさえ見捨てられようと、最後には自分の父へ返り、父と一つになった。それほどに神を信頼していた。だが今は、十字架上にあって極苦の苦しみを受けている。だから「どうして」と問われるのである。

グリューネヴァルトの描いたイーゼンハイムの祭壇画の「キリストの磔刑《たっけい》」を見ると、

キリストの苦しみがどれほど惨《むご》いものであったかが分かる。棘付きの皮鞭で打たれたために、体中にミミズ腫れがたくさんあり、肌には無数の棘が刺さっている。開いた傷口からは血が流れ落ち、顔は苦痛をこらえるかのように下を向いて歪み、腕は関節がはずれているのかとさえ見える。釘で打ち抜かれた掌の指は、激痛と痙攣のためか、十指がくの字に上に向けて異常に曲がっている。

この極苦の中からイエスは叫ばれた、「どうしてお見捨てになったのですか」と。イエスは本当に天の父から捨てられたのか。捨てられたのである。なぜなら、全人類の罪を引き受けて負われ、聖なる神には絶対に受け入れられない、汚《けが》れた者になったからである。それでは、天の父はどんな思いであったのだろうか。それは、御子が苦しむ以上に苦しまれた。愛を本質とする神が、自分のひとり子を助けてはならない、捨てねばならない。その葛藤と決断には、筆舌に尽くし難い痛みがあった。だから自然界でさえ、「昼の十二時から地上の全面が暗くなって、三時に及んだ」（マタイ二七45）のである。

天の父が苦しみ、御子も苦しまねばならなかったのはなぜか。私たち人間のすべての罪を負って贖い、私たちを神の家族として迎え入れるためである。

こんな極苦の中にあり、父から見捨てられようとも、主イエスには、まだ神への一抹の信頼を残していた。それが「わが神、わが神」の繰り返しの呼びかけである。この信頼があるからこそ、天の父はイエスと共にいて、イエスの胸中で共に苦しまれた。そしてその信頼が、主イエスが復活させせられることに結びついた。

崇高なかわき

「わたしは、かわく」（ヨハネ一九28）。これは主イエスが苦悶のうちに発せられた言葉の第五言である。この言葉の特徴は、七言のうちで唯一、ご自分に関して発せられた言葉である。それを確認するために、十字架上の七言の主要部だけを抜粋すると、次のとおりである。①「彼らをお赦しください」（ルカ二三34）、②「一緒にパラダイスにいる」（ルカ二三43）、③「これはあなたの母です」（ヨハネ一九27）、④「どうしてお見捨てになったのですか」（マタイ二七46）、⑥「すべてが終った」（ヨハネ一九30）、⑦「霊をみ手にゆだねます」（ルカ二三46）。

この渇きがどんなに苦しいことであるか、ほんの少し私は分かる。私は次の体験をした。学生の夏休みの時期に、山梨県の八ヶ岳へ単独行をした。下山が一日遅れたため、赤岳頂上で水は飲み干してしまい、水分補給用のきゅうりも残った一本を食べ切ってしまった。下山を開始したのだが、真夏の炎天下を直射日光に焼きつけられながら下った途中、のどがからからに渇いたものの、水分は全くない。脱水状態になった私は、ふらふらになり、頭がぼうっとなりながら下山を急いだ。十三時間後に麓近くになって道端に流れている水筋を見つけた私は、リュックサック等すべてを投げ出し、下痢をしてもいい、疫病に罹ってもいい、何しろ飲みたい。それをすくってコップで七杯、一気にガブ飲みした。

主イエスも脱水状態にあったであろう。「かわく」はうめくようにして出た言葉だったと思う。私はこの「かわく」に二つのことを見る。一つは、肉体的な渇きであることはもちろんであるが、もう一つは、人々が救われることを願う渇きである。ご自身はそのために今、十字架にかかっている。

主イエスは答えられたことがある、「主よ、いつあなたが渇いているのを見て、飲ませてあげましたか」との問いに、「これらの最も小さい者にしたのは、すなわち、わたしにしたのである」（マタイ二五40）と。また、別なところで、こうも言われた、「この小さい者のひとりに冷たい水一杯でも飲ませるなら、その人は決して神の報いから漏れない」（同一〇42参照）と。

主イエスは、今も、人が深く悔い改め、救いに入るようになることに渇いておられる。「わたしは、かわく」と言われて。私も、主イエスのこの渇きによって救いに入れられることができた。

忍耐は、ただ自分に加えられた苦痛を耐え忍ぶだけのものであるならば、それは誰もがしている。本当の忍耐というものは、関係する人々のために、あえて自分が負う苦痛へのものである。その意味で主イエスの「わたしは、かわく」の忍耐は、私たちに示された崇高な模範である。私もこの渇きを負うことを忘れないでいきたい。

すべてが終った

「すべてが終った」（ヨハネ一九30）。これは十字架上の主イエスの第六言である。ここで主が叫ばれたことは、「これですべておしまい。一巻の終わり。私の命は終わった」と言われたのではない。「完了した。完成した」と言われたのである、と私は二〇一三年発行の拙著『聖書理解の基本』の五六八頁で述べた。

十字架上で死を迎えるのでは、万事休すだ、と理解しがちなのも無理はない。なぜなら、今まで神の御旨を伝えるべく努力をし続けてきた。しかしその結果は、民衆からは捨てられ、サンヘドリン議会からは神を汚すと裁決され、ローマ帝国からは死刑に渡され、信頼していた弟子たちからさえ皆逃げられ、最後に残った自分は十字架上に磔《はりつけ》にされている。今までのすべてが水の泡。何の成果もなく、一巻の終わり。これでは「すべてが終った」と取るのも無理はない。

しかし、この叫びは、そういう意味のものではない。敗北の叫びではない。勝利と完成の喜びの叫びである。

主イエスは、十二歳の時にはすでに神と共にあり（ルカ二49参照）、旧約聖書に預言されていることが自分の生涯であると自覚し、神の贖罪の計画に従うことが神の自分への御心であるとして、ただこの一事に、精神と力と時間を集中して、人々の救いを完成すべく、ひたすら歩んできた。今ここに、その使命と計画が完了する時を迎え、贖罪の完成によって、人々に救いがもたらされることになった。それで「すべてが終った」と叫ばれたのである。

この世で自分はいったい何をしたらよいのだろうか、と迷い悩む人が多い中にあって、それが何であれ、覚醒して、ある一つのことに一途に生涯を献げられる生き方ができる人は、幸いである。それが神のための仕事であり、神から委ねられた事柄であるならば、これ以上に尊く充実した人生はない。

多くの人々が携わる仕事は、それは人間を相手にした人間のための事業である。しかし、より喜ばしい仕事は、人間を相手にした神のための事業である。さらに最高の仕事は、神を相手にしての神のための事業である。この世に生まれた一つの命であるならば、このような最高の仕事をしていきたい。

主イエスは、天の父の御旨を完成させることによって、世界に今までなかった新しいものをもたらすことになった。それが永遠の命である。人の努力が、生前に実を結ぶのを見ることがないかもしれない。それでもその後、何世紀にもわたって、成した一事が人類に幸いをもたらす源泉になることさえある。

もし私たちが、献げた自分の生涯の最後に、「わたしは、わたしにさせるためにお授けになったわざをなし遂げて、地上であなたの栄光をあらわしました」（ヨハネ一七4）と言うことができたならば、これ以上の人生の完遂の喜びはない。

わが霊を御手にゆだぬ

この世を去る間際の最後の言葉、すなわち辞世の言は、その人の生涯がどんなものであったか、死後についてどのように考えているかを如実に表す。あなたは辞世の言にどんな言葉を発して逝くであろうか。主イエスは、「父よ、わたしの霊をみ手にゆだねます」（ルカ二三46）と言われた。十字架上の第七言である。

辞世に際して、人は地上的ないろいろなことを心配して言葉を発し、残していく伴侶や子どもたちのこと、親戚や友人への感謝、やり残した仕事や財産の処分法、葬儀や墓への希望などを語るかもしれない。私の弟は、妻の「雪（江）を頼む」と言って逝った。

死はいかに生くべきかを教えるし、辞世の句は死への見方を表す。D・ボンヘッファーは、ナチスの獄から絞首台に向かう時に、「これが最後です。しかし、私にとってはこれは生の始まりです」と言ったとのことである。死後の新生活への希望を持ってである。また別の高名な著述家は、死の暗黒に耐えられず、不安と恐怖のうちに、「もっと光を」と言って亡くなったと聞く。キリスト教最初の殉教者となったステパノは、「主イエスよ、わたしの霊をお受け下さい」（使徒七59）と言って、パラダイスへ向かった。

人の霊とは何であろうか。霊とは、神から吹き込まれて与えられた、別に二つとない、その人個有の人格を入れている、その人そのものを保つ息である。霊は身体の深奥にあり、心魂といわれる生命・精神座の中心にある、高貴にして尊厳を持った神聖な部分である。人はここで神との交流をする。「神にかたどって人を創ろう」（創世一26）との神の意志のもとに、神の息（霊）を吹き入れて、「人は生きた者となった」（創世二7）とあるとおりである。

神に霊を委ねることは、再び神から霊的なからだを与えられて復活することが期待されている。また、ステパノは「お受けください」と、霊をサタンや悪霊などの何にも邪魔されず襲われることなく、確実に神の御許《みもと》に帰れるようにと祈ったわけである。私たちが主を愛している以上、何ものも神の愛から私たちを引き離すことはできない（ローマ八39参照）。私たちは間違いなく、パラダイスの主の御手の内に迎え入れられるであろう。

ジェームス・M・ストーカーによると、次の人々も辞世に、主イエスの発したのと同じ言葉を語って逝ったと著している。すなわち、ヤン・フス、ポリュカルポス、プラハのヒエロニムス、ルター、メランヒトン、その他多くの人々である（『キリストの最後』二五四〜二五五頁）。

私も「父よ、私の霊を御手にゆだねます」と言って、この世を去っていきたい。

まことにこの人は…

真実の神々《こうごう》しい情景を長時間にわたって見続けた人は、どんな叫びを上げるだろうか。主イエス・キリストの一連の十字架処刑事件に立ち会った百卒長は、偽りの裁判から、ムチ打ち、茨の冠かぶせ、ビア・ドロローサの道行き、磔刑《たっけい》のための手足への釘の打ち込み、人々の罵倒嘲笑、そして主イエスの十字架上の七言のすべてを見て聞いたことであろう。百卒長が十字架の真下で見聞きしたことは、主イエスの自分を十字架へつける者たちへの執り成しの祈り、左右並べて十字架にかけられた一方の強盗への慰めと約束、ご自分の母マリヤの行く先を案じての弟子ヨハネへの委託、「なぜお見捨てに」と「わが霊を御手に委ねます」との神との会話などの、贖罪を完成させた主イエスの言動であった。この真実を直近で見聞きした百卒長が、深く嘆息して発した言葉は、「まことに、この人は神の子であった」（マタイ二七54）であった。

寛容と忍耐の限りを尽くし、自分よりも人々への愛を優先させる、この神々しいまでの主イエスの一連の行動を目撃した人が、このような叫びを上げるのは、良心を持った人間であるならば当然であろう。まともな人間であるならば、イエスの言動に神の臨在を感じざるをえない、というのが正常というものである。

ジェームス・M・ストーカーによると、伝承として、名をロンギヌスというこの百卒長は、神の子の真実に触れてキリスト者になり、後にカパドキアの司教になったとのことである。そして真理に従順に従って仕えたために、最後には、彼はイエス・キリストに倣い、殉教の死を遂げたとのことである（『キリストの最後』二一六頁）。

同じ一連の真実を目撃していても、誰もが百卒長ロンギヌスのようになるわけではない。神の啓示の真理を目の当たりに見せられ、体験させられても、まだ霊の目が開かれず、霊の耳が閉じたままにされて、世に留まり続ける者がいる。いや、こういう人が大部分であるということを、磔刑事件に関わった周囲の多くの人々が証明している。

世に取り残されることなく、真実を自分の眼ではっきりと見て、神に付き従って行く者となっていきたい。

安息日の重要性を思う

神の知恵の中を歩くようになると、一週の七日間に対しても、価値観の逆転がある。キリスト者になると、一週間の日々のあり方への認識も変わる。一般に人は、月曜～金曜を主要日とし、日曜日を従としている。重きを置いている働きの日に六日間を当て、一日をそのための休みの日としている。神はそれを望まれるであろうか。より重要視されるべきは、聖日の一日のほうではなかろうか。

なぜなら、その第一の理由は、神が人に与えられた明確な十の戒めの第一戒は、「あなたはわたしのほかに、なにものをも神としてはならない」（出エジプト二〇3）であって、人が行動する規準にして最重要視すべきことは、神へ心を向けることだからである。この戒めに「なにものをも」とあるが、これには仕事も含まれる。自分の意識と精気を集中して注ぐべきは、神へであって、六日間の仕事のほうへではない。仕事が神になってはならない。

第二の理由は、第四戒には、「六日のあいだ働いてあなたのすべてのわざをせよ」、「安息日を覚えて、これを聖とせよ」（出エジプト二〇9、8）と命じられているからである。

神からの文化命令（創世一28参照）があって、人はそのために六日間働き、神はこれを喜ばれる。しかし、あとの一日は聖として、神を神として崇めるために、第一戒に従って礼拝を持つことを、神は人に要求される。

一般の人は六日間働くと、その疲れを癒やすために、あとの一日を休日として、休息を摂るために使う。しかし、聖日の本来の意味は、神との交わりを得て、品格を養っていただき、またこれから始まる六日間のために、精気溢れる神からの力をいただくことである。

したがって、七日目は、何もしない無活動の日というのではなく、六日間とは全く異なった内容の活動をする日、六日間とは別の質の違った活動をすべき日である。すなわち礼拝と奉仕をする日である。「神はその第七日を祝福して、これを聖別された」（創世二3、出エジプト二〇11）とあるように、他の日とは分離区別されたことを忘れないようにしたい。

恩恵への応答にある感謝

「神学の主題は恩恵であり、倫理学の主題は感謝である」（F・F・ブルース）と言われるが、これは当を得ている。神学は、神は何をされたか、何をしようとしておられるかが主題となっており、倫理学は、人は何をなすべきか、どう行動することが正しいことなのか、が主題となっているからである。

神は無条件に人間に恵みを降り注ぎ、人が救われ、人が幸いになることを一途に願われる。そして多くのことを人間のために計画し、実行される。ゆえに、神についての学びである神学が、神の恩恵の内容をおもに論じていると理解することは、正しい。

また、人はどう在るべきか、どう行動すべきかを主題とする倫理学は、「〜すべき」の正統性の基準を、絶対的に正しい義や愛に根拠を置いている。すなわち、存在の仕方と言動のあるべき姿は、神の聖・義・愛に負っており、それは神への応答として現れる。応答には、当然恵みへの感謝が一貫して含まれている。感謝があるからこそ、聖・義・愛に則《のっと》ろうと努力する。それゆえに、「〜すべき」の倫理学の主題は、神の恩恵への感謝であると言い表しても間違いではない。

倫理に合った道を行くことは、神の聖・義・愛に自分を適合させて、その恵みのうちを感謝しつつ歩むことにほかならない。神の恵みに感謝しつつ歩むことは、神の聖・義・愛に向かって歩むことであり、倫理的に正しい道を行くことになる。

愛せない自分が愛せるようになる

一九六九年発刊で名著に並び称されるジョン・マーレイ著の『キリスト者の倫理』なる書がある。これを再読しつつ思考を巡らせた。キリスト教倫理の中心にして根幹であるテーマは、「愛」である。この愛について考えた。

人は自己生命保存本能を持っている。自分の生命を保持し続け、その生命を容《い》れる肉体を保護しようとする本能である。この本能を持っているがゆえに、人は無意識的に自分を護《まも》り、より益を受けられるように行動し、生命継続と肉体防護に役立つ条件の増進に力を用いる。ここに自我愛である原罪の起源があると言ってよい。

これに対し、愛とは、この自己生命保存本能に反し、自分の損得や利害を計算に入れず、ある事をすることによってたとえ自分が損害を受けようとも、相手にとって益になることを、敢えて選び採って、それを実行することである。

そうであるから、本能的には、自分を愛することはできても他は愛せない、というのが人の常態である。愛しなさいと命じられても、なかなか人を愛せないというのが実態である。だからこそ聖書では戒律において「愛しなさい」と勧告する。「心をつくし、精神をつくし、思いをつくして、主なるあなたの神を愛せよ」、「自分を愛するようにあなたの隣り人を愛せよ」（マタイ二二37、39）と命じられる。この戒めが律法の中で一番大切な戒めなのだと、主イエスは言われる（同二二38参照）。

それでは、本来愛せない人間である自分が、この戒めに従って、どうしたら神と隣人を愛せるようになれるであろうか。本当に私たちは神と人とを愛せる者になることができるのだろうか。

なれる。本能に反してまでも愛せる自分になることが可能である。愛せる自分になるには、自分が神に愛されていることを知ることである。自分がどんなにか深く、長く、大きく神に愛されているかを、心底実感したときに、人はその愛に造り変えられて、自分を捨ててでも愛せる自分になっている。キリスト教信仰の本髄は、自分がいかに多大に神から愛されているかを認識することである。ここから信仰生活のすべてが始まる。

二種類の知力

社会を繁栄させ発展させる力と、自分を統制し自分を治める力とは異なる。イスラエルを大繁栄させ、人民を正しくさばいたイスラエル第三代の賢王ソロモンは、外部への知恵に長《た》けたが、自己の精神内部をコントロールすることには失敗した。その原因は、「肉の欲、目の欲、持ち物の誇り」（Iヨハネ二16）という、女性、偶像礼拝、奢侈《しゃし》に溺れてしまい、神の言葉に耳を傾けなかったからである。

世には、外部世界を処するに力を持っても、自己の内面に対して力を持たない人が意外に多い。社会を動かす知識や問題解決をしていく知恵と、自分の品性を高く保ち、徳を実行していく力とは異なる。社会を治めるには、文化文明の英知を身に付ければ可能となる。しかし、自分を高貴な品格に育て保つには、神を畏れ、聖霊に導かれるという心の姿勢が不可欠である。

前者の知力は、学校や社会が教え訓練してくれる。しかし、後者の叡智《えいち》は、教会や聖書によって自分で学びとり、修養するしか方法がない。

クリスチャンになって変わったこと

私が二十二歳の時から五十六年間、信仰生活を送ってきて、私の何がどのように変わったのかを、じっくりと思い返してみた。そのような変化は信仰の何によるのかも、併せて考えてみた。端的に言えば、第一に、自分という人間が変わった。人格的に質が変わった。変わったと言うよりも、変えていただいたと言ったほうがよい。第二に、幸せになった。心身共に豊かになった。精神的にも物質的にも豊かになった。これもそのようにしていただいたと言ったほうがよく、これは神の恵みによる。

これらをもう少し具体的に個別に考察すると、次のように言える。

①罪の中を生活していた者が、きよさの中に入れられ、聖を追い求める者になった。
　これは神のご意志が私に働き、御言葉の力によって導かれた。

②世に不安と恐れを持つ者が、平安になった。生活に焦りがある者が、落ち着きを持つ者になった。これは神の守りがあるからである。

③死んで滅んでいくしかない者が、生きて永遠の命を持つ者に変わった。これは救いに関する神の約束による。

④富や金銭に執着していた者が、これらに拘《こだわ》らなくなり、これらによる捕縛から解放されて、自由になった。これは神の豊かな富がこの世で付与され、未来にはこれ以上の絶大な宝と幸いを受け嗣ぐことが約束されているからである。

⑤失望が希望へと変わった。また社会への不安や生活への憂いが取り去られ、晴れればれとした喜びに変わった。これは現在が充足され、御国入国などの未来が確実に約束されているからである。

⑥怒りっぽい者が柔和な者に、また人を裁く者が許し受け入れられる者に変わった。

この寛容でいられることは、神のあわれみと慰めが常に私にあるからである。

創造主にして全知全能の神が、これほどまでに取るに足りない卑しい私に、御目を留めてくださり、御子イエス・キリストの命を懸けてまでして愛して、救いに入れてくださったことをありがたく思い、なんと感謝していいか分からない。一人でも多くの方が、この恵みにあずかって幸いになっていただきたいと、心底から思い願う。

第二部

燃えるパウロの福音宣教

「わたし（パウロ）が『主よ、あなたはどなたですか』と尋ねると、主は言われた、『わたしは、あなたが迫害しているイエスである。さあ、起きあがって、自分の足で立ちなさい。わたしがあなたに現れたのは、あなたがわたしに会った事と、あなたに現れて示そうとしている事とをあかしし、これを伝える務に、あなたを任じるためである。』」（使徒行伝二六15〜16）

第一章

エペソ人への手紙から教えられること

できる限り謙虚で、かつ柔和であり、寛容を示し、愛をもって互に忍びあい、平和のきずなで結ばれて、聖霊による一致を守り続けるように努めなさい。からだは一つ、御霊も一つである。（エペソ四2〜4）

パウロ書簡読み取りの六ポイント

ある一つのまとまった文書を記述する場合に、どなたもそうするであろうが、私は端的明解にまとめるために、気を付けている事柄がある。それは、序論、本論、結論を抜かさずに必ず盛り込むこと。そして、記載順序として、起、承、転、結の順で書くことである。この本の各エッセーもそうしている。

ところで、聖書に十三あるパウロ書簡を読む場合に、何がどのように書いてあるのかを理解するのに、捉え方のポイントがある。これを知って読んでいくと分かりやすく、またパウロの言わんとしている事柄や、パウロの気遣いなどを読み取ることができる。

パウロの書簡は、序論の「起」に相当する部分が挨拶や自己紹介となっており、本論が大きく二つに分かれ、前半が教理的な事柄、後半がキリスト教倫理や実際の信仰生活の事柄が書かれている。前半後半のそれぞれの主題が「承」と「転」として記述されている。そして最後の結論部分で、「結」として指示を送り、祝福の祈願で閉じている。

パウロ書簡を学ぶ時に、理解を早め正確に捉えるための六つのポイントがあると言われているが、これを知っておくことも有効であろう。パウロ書簡には、Who, Why, What,

Where, When, How が書かれていること、そしてそこから現在の自分に何が教示されているのかを把握することである。

パウロ書簡理解の六つのポイントを順に挙げると、次のとおりである。

①パウロはこの手紙を誰に宛てて書いたのか。

②宛先の人とパウロは、どんな関係にあったのか。

③この手紙を書くようになった、いきさつや背景は何か。

④パウロはこの手紙を書くことによって、何を成し遂げたいと願っているのか。すなわち、手紙を書くようにした目的や目標は何か。

⑤宛先が置かれている状況や問題を、パウロはどのように処理すべきと考えているのか。

⑥今日の私たちの信仰生活のために、勧告・教示されていることは何か。

この六つのポイントを押さえながらパウロ書簡を読むと、神がパウロを通して聖典として啓示された事柄を、自分のものにすることができる。

「前に立つ」夫

最近は、家庭にあっても女性が働きに出るようになったり、男性が育休を取るなど、一昔前に比べて、夫と妻のあり方がだいぶ変わり、夫婦がどうあるべきかを論じるのが複雑になってきた。それでも、男性として女性としてではなく、家庭にあってのパートナー同士の夫婦として、聖書が示している「夫たる者よ……」と「妻たる者よ……」のあるべき姿は、本質的には変わらないものであると思うので、以下に私見を開陳してみたい。

家庭において夫たる者の主要な役割は、「前に立つ」ことである。夫は常に家庭の最前線に立って、リーダーシップを発揮せねばならない。「前に立つ」とは、家庭を営む上で起きてくる種々の問題や懸案事項、あるいは外界から入ってくる諸々の事情に対して、家族を保護し守ること、あるべき方向へ導くこと、家庭内に発生する用事や養育に奉仕することにおいて、家族の中の誰よりも早く、率先して行動を起こすことである。

この夫の「前に立つ」責任は、夫の意向や好き嫌いにかかわらず、神の秩序を保持継続するために、神から夫へ求められていることである。そうだからと言って、妻が夫に代わって「前に立つ」ことが禁じられているわけではない。場合や状況によっては、夫と役割を交替することは許されている。したがって、夫が「前に立つ」ことは原則であって、戒律ではない。また、夫が健全である場合は、一般的に言って、妻が「前に立つ」べきとの責任を問われることはない。

夫が前に立って十分にその責任を果たすように採るべき方法は、次の御言葉に従うことである。「夫たる者よ。キリストが教会を愛してそのためにご自身をささげられたように、妻を愛しなさい」（エペソ五25）。すなわち、キリストがご自身をささげて教会を愛されたように、夫が妻へ自分をささげるようにして、妻を愛することである。その後の妻の態度がどう出るかは、この夫の愛し方にかかっている。

「後に立つ」妻

最近は女性としての権利が高く叫ばれ、女性としての尊厳を重視することが求められている。このような状況下にあって、女性が妻としてどうあるべきかを考えてみたい。

女性である人間は、男性と区別されることなく、人間として同格であり、同等の権利と義務を持つ。社会のいかなる機能も役割も男性と異ならず、果たすことができるし、また果たさねばならない。それでは、家庭にあって妻という立場を担うようになった女性は、妻としてどうあるべきなのだろうか。

それは、妻は「後に立つ」ことである。「前に立つ」夫がその役割と責任を十分に果たすことができるように、見守り、援助し、助言し、指導することである。

「後に立つ」ことを聖書の言葉で言えば、「助け手」(創世二20参照)である。「前に立つ」夫の横から、下から、上から助けるパートナーとしての役割を果たすことである。「前に立つ」夫のアドバイザーとして援助し、サポーターやスポンサーとして支持し、守り、激励する。そして、時にはコンサルタントやコーチのようにして助言し指導もすることである。このようにして、「前に立つ」夫のパートナーである同労者であり相談相手として立つならば、家庭生活も夫婦生活もうまくいくに違いない。

家庭にあって、夫が前に立って夫としての義務と責任を果たし、妻が後に立って妻としての義務と責任を果たし、互いに二人が補完し合うならば、天国先取りのような温かい笑顔の絶えない家庭を築き上げていくことができる。そして、次の勧めの御言葉が実現することになる。「あなたがたは、それぞれ、自分の妻を自分自身のように愛しなさい。妻もまた夫を敬いなさい」（エペソ五33）。

妻を育くむ

エペソ人への手紙ほど、夫や妻のあるべき姿について、詳細に述べている書はほかにない。家庭において、夫が良い妻を得、また妻が良い夫を得るようにするには、どのような日常生活を送ればよいのだろうか。それをエペソ書五章に聞いてみたい。

外見的に見ても内面性からいっても、美しいほどの妻を日々自分に迎えられるかどうかは、その夫の腕にかかっている。その腕とは愛するという腕である。腕の見せどころのポイントは何かというと、夫が妻を自分のからだのように愛しているかどうか、ということである。このことについてエペソ書には、次のように勧められている。「夫も自分の妻を、自分のからだのように愛さねばならない。自分の妻を愛する者は、自分自身を愛するのである」（エペソ五28）。

この御言葉にあるように、もし、夫婦一心同体（同五31参照）である夫のほうが、妻を自分のからだのようにしていたわり、大切に扱い、励ますならば、妻は必ず夫が望むような人物、性情、姿勢になりたいと、喜んで努力するものである。そして最後には、「しみも、しわも、そのたぐいのものがいっさいなく、清くて傷のない栄光の姿の妻を、夫は自分に迎えるようになる」（エペソ五27参照）。

さらに進んで、キリストが教会を愛して、ご自身をささげられたようにして、夫が妻を愛するならば、夫は妻をきよめて、共に歩むことによって、聖なる者にまで育くむ（同五29参照）ことになる、とエペソ書五章25〜29節には書いてある。

このような妻を自分に迎えるために、妻に献身するかのようにして深く愛することによって、幸いに満たされた家庭を持つ夫になっていきたい。

夫婦の要求と奉仕

いつも喜びと平安が満ちている家庭を望むがゆえに、夫婦や家族について考えてみた。家庭は、世にあるどんな集団よりも鮮明に、キリストの愛と訓戒が映し出される場所である、と言ってよいであろう。なぜなら、そこでは喜怒哀楽のある構成員同士が常に顔を合わせ、要望や心情を互いに交わす会話があり、身体と精神が混じり合う活動をする日常生活が営まれているからである。

そうではあっても、キリストの愛と訓戒がその家庭の中心にあって、それが生かされているならば、家族間に主の愛が和《なご》やかさをもたらし、キリストの導きが安心感を与えるであろう。すなわち、その家庭には調和がもたらされ、平和が宿るようになるであろう。そして互いの交わりのうちに、笑顔が絶えない家族が与えられるであろう。

別の視点で見てみよう。聖書記述のあちこちを見ても、夫や妻の権利についてはほとんど見当たらないが、義務については書かれていることに気付く。これは愛というものが、自分を顧みずに相手の益となることをしてあげるものであることに基づくのであろう。

権利について考察すると、神の前にあっては、男であれ女であれ、その性別に関係なく、一人の人間であり、人間として取り扱われるがゆえに、男の権利とか女の権利といった主張は神から喜ばれず、そのような要求を相手に求めることを、神はよしとされない。これが聖書記述内容の多寡に影響しているのであろう。神は互いに主張して要求し合うよりも、譲り合うことを求められる。共に人として神に創られたがゆえに、男であるとか女であることに尊卑はなく、その意味で、夫であれ妻であれ同等の尊厳を持っており、権利も平等に与えられている。

ところが義務という面から見ると、神が人に求められることは、夫婦が互いに愛し合い、奉仕し合うことである。その愛と仕え合いによって、家庭に喜びをもたらし、秩序と調和が来るように、神は配慮される。この夫婦の献身のし合いを、神は夫婦に義務として求めておられる。「キリストに対する恐れの心をもって、互いに仕え合うべきである」(エペソ五21)とまで書いている。また、「いずれにしても、あなたがたは、それぞれ、自分の妻を自分自身のように愛しなさい。妻もまた夫を敬いなさい」(同五33)とあるが、この御言葉も、要求する権利としてではなく、果たすべき義務において言っている。

相手に求めることは極力少なくし、自分から進んでやってあげる奉仕を多くすることによって、円満な夫婦と家族に営まれた、楽しい家庭を作っていくことができる。

目線の違い

恋人同士と夫婦の目線の違いは、求める目的の違いと、愛の成長度合いの違いによるものであろう。両方を経験している私には、それがよく納得できる。

恋人同士は互いを見つめ合う。夫婦は前方の同一方向を並行して見つめる。恋人同士が互いに目線を相手に向けて交差させるのは、相手をもっとよく知りたい、自分をもっとよく知ってほしいとの欲求があるからである。夫婦が同一方向を見上げるのは、共通の将来への願いや目指す家庭の姿を見つめて、それを追い求めようとするからである。

愛の成長度合いから見るならば、恋人同士は初対面から日が浅く、相手に何かしてあげたいと思っても、相手が何を求めているのか、相手に何をすることが相手にとって有益なことなのかが、まだよく分からないので、相手を見つめて相手を知ろうとする段階にある。この意味で、自分に痛みや損害があろうとも、相手にとって益となり喜んでくれることを探し出して、それをしてあげようとする愛から見ると、恋人同士は愛の入口にあり、愛の初歩的段階にあることになる。

ところが、夫と妻となると、すでに恋人同士の段階は卒業して、相手への理解は深まり、何をすることが愛していることになるのか分かっている。むしろ、夫として妻としてどんな家庭を築きたいのか、未来へ向かってどんな共通的な願望を持っているのか、の目標が一つに定まり、それに向かって二人で努力していこうとする。そこで平行して二人の視線を一つの方向に向けることになる。

どちらの目線のほうが、より豊かな結果をもたらすのかは、論を俟《ま》たない。より強く堅い結び付きを与え、密接な調和や献身的な愛を保証するのは、同じ目的に向かって共通の願いを持った、夫婦の目線であろう。その目線を最強にするのが、一つの望みを目指しての聖霊による一致である（エペソ四4参照）。

御霊に酔う

お堅いキリスト教において、お酒の話題が語られる機会は、そう多くはない。読者の中には、清酒よりも焼酎のほうがいいとか、ワインよりもシャンパンのほうが口に合うという方がいるかもしれない。あるいはウィスキーなら北海道余市のニッカウヰスキーの「竹鶴」を好むとか、ワインなら北イタリヤ、ドロミテ地方の金鶏印が最高などと、通の方がおられるかもしれない。

さて、ここで私は酒を飲むことの良し悪しを言おうとしているのではない。飲酒は良い点と悪い点があるので、これを弁《わきま》えて楽しむのがよい。酒は嗜好品の一つとしてたしなまれるし、会話をはずませる。ワインなどは、食後のコーヒーのように、食欲をそそる食前酒として楽しまれる。パウロは薬代わりに、胃の弱いテモテに対して、「胃のため、また、たびたびのいたみを和らげるために、少量のぶどう酒を用いなさい」（Ⅰテモテ五23）と勧めている。一方、同じパウロがエペソ書では、「酒に酔ってはいけない」（エペソ五18）と、節酒の戒めを与えている。

酒は飲む量に限度の一線があって、自制が求められる。これを弁えずに節度を越えて飲んでしまうと、「乱行のもと」（エペソ五18）になる。私は二十二歳時の受洗を機会に酒を飲まなくなった。父のキャバレー通いによる母泣かせや、酔いつぶれて道端に寝込んでいる父の姿に愕然・落胆した経験もあって、私が酒を絶つことには、何ら苦痛も異和感もなかった。酔酒は確かに、自制力の弱い人にとっては乱行の元になったり、放蕩に走る誘因になるもので、気を付けたい。

キリスト教が優れていることは、酒に酔うこと以上に聖霊に酔うほどになり（使徒二4、15～18参照）、崇高な喜びや楽しみを与えられることである。同じ酔うならば、「御霊に満たされ」（エペソ五18）た生活を続けたい。御言葉に、「酒によってはいけない。……むしろ御霊に満たされて、……霊の歌とをもって語り合い」なさい（同五18～19）とあるのに従うのが良いであろう。

自分自身以上の価値あるものに所有されることによって、人は人間としての価値と尊厳を保つことができる。自分よりもずっと価値の低いもの、たとえば酒、遊興、ゲーム、偶像などに自分を売り渡し、人としての価値を救い難いほどに貶《おとし》めることだけは、切に避けなければならない。

第二章　ピリピ人への手紙から教えられること

キリストは、神のかたちであられたが、神と等しくあることを固守すべき事とは思わず、かえって、おのれをむなしうして僕《しもべ》のかたちをとり、人間の姿になられた。その有様は人と異ならず、おのれを低くして、死に至るまで、しかも十字架の死に至るまで従順であられた。（ピリピ人への手紙二6〜8）

聖徒としてのクリスチャン

パウロは彼の手紙でよく「聖徒たちへ」と宛てている（例　エペソ一1、ピリピ一1）。聖書で「聖徒」といった場合、それは、聖人と言われるような、特別に選ばれた道徳的霊的なエリートのことではない。キリストによって罪赦されて救われ、義と認められたキリスト者一人ひとりのことである。聖化がまだ徹底されずに、汚《けが》れや原罪が残っているかもしれない、神の像《かたち》へ戻る途上にあるクリスチャンのことを言っている。

すべてのクリスチャンは聖徒であり、聖徒でないクリスチャンはいない。世から分離されて聖なる神につく者とされているという意味において、聖徒である。聖徒とは、倫理的に卓越したクリスチャンであるとは限らない。キリストにある者はみな聖徒であり、キリストを離れたクリスチャンは、最高の聖徒と評される人も罪人に過ぎない。キリストの贖罪のうちにあるクリスチャンであるならば、どんな罪人も聖徒であり、神の前に立つことができる。

聖徒が意味する「聖い」の中心的なこととは、「分離されている」ということである。何から分離されているのかというと、①消極的な意味と②積極的な意味の二つがあって、①

前者は、悪から分離されていることである。キリストの支配する領域に入れられており、再び悪へ戻って悪に浸ることを喜びとすることはない。そのような状態に分離されている。②後者は、神が望まれる働きへの奉仕と献身にあずかり、神の選びと神の召しへ分離されていることを意味している。

この二つのどちらの意味にしても、その聖徒は「神の聖なる民」であることに間違いない。

パウロに見る死の達観

達観とは、高い見地から全体を見通したり、物事の道理を広く深く見通すことである。「何かを達観している」ということは、その何かに到達しているだけでなく、その達した何かさえ超えて、別の何かを既に得ていることである。

「死を達観している」と言うならば、それを言う人は、死を既に十分に受け入れてしまっており、さらにその先の状態をも獲得済みである、ということである。

死を達観しているパウロは言う、「わたしにとっては、生きることはキリストであり、死ぬことは益である」（ピリピ一21）と。なぜパウロは死ぬことさえ益であると言い切れるのか。その理由は、第一に、自分が生きるにしても死ぬにしても、私（パウロ）の望むことは、私の身によって起こったり活動することによって、キリストが崇められるようになることだからである（同一20参照）。第二の理由は、死の先において、キリストと共にいる幸いにあずかることを願うからである（同一23参照）。

パウロがこのように死を達観した領域に入りえた根拠は、パウロが既にこの世に死んでおり、キリストがパウロの内で生きておられるところにある。生きているのはもはや彼自身ではない。彼の内にいますキリストが生きておられる（ガラテヤ二19〜20参照）。この心境に達しえたからである。

キリストの内住にまで信仰が達した人は、死をも達観した人へと成熟する。

居場所を替えて能力伸長

ある人が別の土地へ行ったり、今までとは違った環境に置かれると、「この人は、こんな良い点もあったのか」とか、「この人はこんなこともできるのだ」と、今までとは違った長所や能力を見いだすようになることがある。

その一つの原因として、次のような場合がある。日常育った家や町では、周囲の人々が一定の固定的評価を与えて見ており、本人もそのように見られている自分なんだと自覚している。その殻を自分から敢えて打ち破ろうとはしない。ところが活動場所や仕事場所が変わることになり、その場所で必要な働きを担当するようになったり、周囲の人々から従来にはなかった期待や評価を受ける。その結果、今まで眠って隠れていた能力や意欲が引き出される。すなわち、かつてとは違った新しい芽を出したり、別の力を発揮したりするようになる。このような成長が起こるからである。

このことに関連した記述として、聖書には次のようにある。パウロは、ピリピからパウロの元へ派遣されて仕えてくれたエパフロデトを、ピリピの人々へ送り返すに当たり、持たせた手紙に次のように書いている。「彼は私の同労者、戦友として、立派な仕事をして、私を助けてくれた。彼は福音宣教や私の身の回りの世話などのキリストの仕事のために、いのちの危険を冒して死ぬばかりになって仕えてくれた。あなたがたはエパフロデトがそんなにも熱心で誠実な人であることを知らないかもしれない。このような人に対しては、あなたがたは喜びにあふれて迎え入れ、尊敬を払いなさい」（ピリピ二25、29〜30参照）。

人が成長するためには、いったん家や故郷を離れたり、別の仕事場へ移るのも効果がある。

「私を見倣ってください」

聖化は、人の創造の初めの神の像《かたち》へ戻る旅路の信仰過程である。最終的に聖と義と愛を備えたキリストの似姿へと辿り着くための、信仰者の日々の歩みである。かつては罪に陥って汚《けが》れていた者が、イエス・キリストの贖罪によって救い出され、歩みの向きを一八〇度変えて、聖なる神へ向かって成長を続ける活動である。聖化の目標は、失われた本来の自分の人間としての姿を取り戻すことにある。

この聖化の途上にあっては、諸々の戦いがある。世が示す欲（金財、地位、名誉等）や三欲（肉の欲、目の欲、生活ぶりの自慢）から離れ、悪へ引きずり込もうとするサタンの誘惑（怠惰、享楽、泥酔、妬み等）を断とうとする戦いがある。この戦いを続けながら、聖化の途上にあるキリスト者は、自らの生き方を堅立しつつ、目標目指して日々歩みを進める。

このような歩みを続けているキリスト者は、パウロが「わたしにならう者となってほしい」（ピリピ三17）と諭しているのと同じように、周囲の人々に勧めても、その勧諭は、決して高慢なことにはならないであろう。なぜなら、私たちは聖化の途上にあって戦いながら生きている人を手本として、進んでいくべきだからである。
むしろ、私たちは、パウロのように、「真剣な信仰生活をしている私の在り方を模範として
してほしい」と、言葉を大にして言い得る信仰者になっていかねばならない。

いつも喜ぶ

クリスチャンが、日頃暗い顔をして下を向いて歩いて行かねばならない規定はない。むしろ、「いつも喜んでいなさい」とある（ピリピ二18、三1、四4）。そうなのだ。困難の中にあっても試練の中にあっても、はたまた逆境の中にあったとしても、迫害の中にあってさえも、「いつも喜んでいなさい」と勧められている。これがクリスチャンの立ち位置であり、御霊を通しての天の父によるご命令である。

私たち真実なキリスト者の生活は、主イエスに信頼して正統な信仰の内を堅固に歩んでいる、ということだけでは足りない。それに加えて、常に喜び感謝に溢れ、讃美をもって輝いているという生涯であることが求められる。

しかし、クリスチャンであるならば誰でも、喜びに輝いた生活が送れるかというと、必ずしもそうとはいかない。それができるようになるには、欠いてはならない重要な一つの要件（キーポイント）がある。それが「主にあって」である（ピリピ四4）。主が常に共にあってくださり、また主の再臨が近いと待ち望む信仰を持っている者は、どんな状況や境遇の中にあっても、喜んでいることができる。

パウロが私たちに勧める言葉は、これである。「あなたがたは、主にあっていつも喜びなさい。繰り返して言うが、喜びなさい」（同四４）。主にあって常に喜んでいる人は美しいし、会っているこちらまでもが、元気を与えられる。

思い煩わない

私たちが思い煩えば、何かを解決できるのかというと、そうはいかず、決して解決せず、むしろますます心を乱され、平安を奪われるというのが関の山である。

どうしたら思い煩わずに、問題の解決を求めつつ、心に平和を呼び戻すことができるであろうか。主イエスは言われる、「あなたがたが思い煩ったからといって、わずかでも自分の寿命を延ばすことができるのですか。空の鳥を見なさい。彼らは蒔くことも刈ることもしません。それでも天の父は、過不足なく彼らを養ってくださる。あなたがたにそれ以上にしてくださらないことがあるでしょうか」（マタイ六27、26参照）と。

思い煩う時間と気力があるくらいならば、それらを主に訴えるのに使ったほうがよい。御言葉には次のようにある。「何事も思い煩ってはならない。ただ、事ごとに、感謝をもって祈と願いとをささげ、あなたがたの求めるところを神に申し上げるがよい。そうすれば、人知ではとうてい測り知ることのできない神の平安が、あなたがたの心と思いとを、キリスト・イエスにあって守るであろう」（ピリピ四6〜7）。

思い煩うことがあるならば、事ごとに主に祈って、その重荷を主に委ねることである。

そうしたならば、問題は解決に向かい、心に安みが与えられる。「すべて重荷を負うて苦労している者は、わたしのもとにきなさい。あなたがたを休ませてあげよう」（マタイ一一28）。このように言って手を差し伸べてくださる主イエス・キリストの手を、私たちが拒絶しなければならない理由がどこにあろうか。

世を超えた悟り

パウロは何回かの宣教旅行の間、常に欠乏させられる中にあった。それは物質的にも精神的にもである。このことを彼は、次のように言っている。「ただ眠れぬ夜を過ごし、飢えかわき、しばしば食物がなく、寒さに凍え、裸でいたこともあった」、「(教会で信徒の皆様が、いろいろな事情で、信仰を続けていくのに) 弱っている人があるのに、わたしも弱らないでいられようか。日々わたしには諸教会の心配ごとが迫ってきた」(IIコリント一一27〜29参照)。「今の今まで、わたしたちは飢え、かわき、裸にされ、打たれ、宿なしであり、苦労して自分の手で働いている」(Iコリント四11〜12)。

このような状況の中にあるパウロが、「乏しいからこう言うのではありません」と言って、次のように高らかに宣言するからすばらしい。ハレルヤ(「主を讃美せよ」の意)。「私は、貧しさの中にいる道も知っており、豊かさの中にいる道も知っています。また、飽くことにも飢えることにも、富むことにも乏しいことにも、あらゆる境遇に対処する秘訣を心得ています」(ピリピ四12、新改訳第三版)。「私は、どんな境遇にあっても満ち足りることを学んだのです」(同四11参照、同)と確言している。

それでは、このような崇高な悟りとも言えるような秘訣を、誰から学んだのであろうか。それもパウロは証言している、「わたしを強くして下さるかた（イエス・キリスト）によって（です）」（同四13ａ）と。だから「私は、どんなことにも対処できるのです」（同四13ｂ参照）とパウロは続けて言っている。

主イエス・キリストにある者は、パウロが確言するように、この世のどんな患難も欠乏も心配事も打ち砕いて、乗り越えていく力が与えられる。

物質的なものをも求める

私たちは霞を食べて生きていくわけにはいかない。どんなに堅実で敬虔な信仰を持っていても、食べる物も寝る場所もなければ生きていけない。また、着る衣服がなければ、裸で恥を曝《さら》し、冬には寒さで凍え死んでしまう。

私たちの主は、無形空虚な高い思想だけを求めて、他のことには関心がないという神ではない。私たちの日々の生活のために、物質上の必要なものもご存じであり、知っておられるだけでなく、その実物をも豊かに与えてくださる神である。それが有形無形であるにかかわらず、そこに愛を加えて、供給してくださる神である。

だからもし私たちに、生活上の物質的な何かの不足があるならば、それをも大いに主に訴え、与えてくださるように求めていったらよい。主はそれらを必ず過不足なく豊かに恵みとして与えてくださる。パウロは自らの宣教活動の中で言っている、「わたしは貧に処する道も富におる道も知っているが、今は、すべての物を受けてあり余るほどである」（ピリピ四12、18参照）と。

さらに加えて、御言葉に、「わたしの神は、ご自身の栄光の富の中から、あなたがたのいっさいの必要を、キリスト・イエスにあって満たして下さるであろう」（同四19）とある。

私たちの神はこのような神なのであるから、精神的なものに限らず、物質的なものであっても、それが神の栄光を現すのに必要なものであるならば、豊かに与えてくださるように、積極的に求めていったらよい。そうしたら、その信仰に添えて主は授与してくださる（マタイ六33参照）。

第三章
コロサイ人への手紙から教えられること

今わたし（パウロ）は、あなたがたのための苦難を喜んで受けており、キリストのからだなる教会のために、キリストの苦しみのなお足りないところを、わたしの肉体をもって補っている。（コロサイ人への手紙一24）

キリストにあっての祝福

「キリストにある」という語句は、パウロから発信された書簡に、慣用ではないかと思えるほどに多く用いられている（例　Ⅰコリント一4、エペソ一1、コロサイ一2）。しかし、この「キリストにある」は、軽い付け足しの言葉ではなく、重要な意味が含まれている。その意味にはおもに二つあって、①キリストとの交わりと、②キリストとの合一がある。

①について述べると、キリストとの交わりのない者は、キリストとの結び付きがなく、キリストの十字架による贖罪と復活による永遠の命を持たない。それゆえに、神との和解もなく、神からの恩恵も来ない。また、日々の歩みで、キリストとの深い交わりを通して、信仰生活が正しく導かれることもない。これらのすべては、クリスチャンがキリストとの交わりがあることによってのみ、実現されることである。

②について述べると、キリストとの合一のない者は、内住のキリストがない人であるということになる。クリスチャンは、自らの心の霊の内にキリストに住んでいただき、自分もキリストの内に没入して生きていくときに、キリスト者としての生を全うして生活していくことができる。キリストと自分が相互に内にあって合一しているときにのみ、クリス

チャンとしての聖なる生活を成熟させていくことができる。

聖書を読んでいて、「キリストにある」という語句に出会った場合には、そこに①交わりと②合一の二つの意味があることを再確認して、喜びのうちに読み進めていきたい。

信仰の実であり原動力である三つ

鼎《かなえ》という言葉を最近あまり聞かなくなった。鼎とは、帝位や権威の徴《しるし》として所有されたり、祭儀の道具として使われたりした、三本足の青銅製の釜のことである。鼎談《ていだん》とは三人が向かい合って論談することである。

鼎は三本足なので、一本でも欠ければ倒れてしまい、権威をなさない。キリスト者生活の鼎足《ていそく》であって、その一つでも欠いてはならないものとは、何であろうか。それがコロサイ書一章3〜5節に書かれており、また御国においてさえ永遠に消えない三つであると言われている（Iコリント一三13参照）。すなわち信仰と希望と愛である。信仰はキリストの贖罪の過去に関係しており、愛は兄弟聖徒への現在に関係しており、希望はこれから成る輝かしい未来に関係している。この三つは、信仰生活の三本主柱である。

信仰と希望と愛は、神の恵みを知って受けた信仰の実であり、成長するものであると、コロサイ書一章6節では、次のように言っている。「あなたがたのところでも、これを聞いて神の恵みを知ったとき以来、実を結んで成長している」（コロサイ一6）。キリスト者生活の鼎足となるこの三つ、信仰・希望・愛を堅持するクリスチャンは、その信仰にますます知恵と恵みが増し加えられ、実際の生活においても、いよいよ神の力が加えられて、成長し発達を遂げる。そして神の御旨を深く知るようになり、主の御心にかなった生活をして、さらに発展を続けていく（コロサイ一9〜11参照）。

二つの希望

信仰の三本主柱である信仰、希望、愛には、二つの事柄が付随している。一つは①キリスト再臨時に完成される救いの完了であり、もう一つは、②御国入国による神の絶大な相続財産の授与である。

①救いは、キリストの十字架の贖罪によってすでに成され、神との和解によって新生している。そして現在において救いは、キリストの導きによって成長し、聖化が進められている。さらに将来において再臨のキリストの執り成しによって、キリスト者が聖・義・愛の神の像《かたち》に戻され栄化されて、救いは完了する。私たちには、未来における救いの完成に望みがある。

②キリスト者のもう一つの望みは、天の父の審判を受けて、「善かつ忠なる僕《しもべ》よ、よくやった」（マタイ二五21、23参照）と言って祝福を受け、御国へ迎え入れられ、天に蓄えられている神の富財を恵みとして付与され、永遠のいのちの内に平安に生きることである。このことに関し、コロサイ書には、次のように書いてある。「それは、あなたがたのために天に蓄えられている希望に基づくものである」（コロサイ一5、新共同訳）。

私たちクリスチャンは、希望において上記①②の二つのことが約束されているのであるから、未だ到来していない未来の栄光に望みを置いて、日々力強く信仰生活を進めていきたい。

感謝と讃美の信仰生活

私たちが天の父と御子キリストの前に祈るとき、感謝と讃美をささげざるをえない。大いなる喜びをもって、叫ぶかのようにして、心の奥底から溢れるようにして感謝を言い表し、ハレルヤ（「主を讃美せよ」の意）と讃美する（コロサイ三16参照）。

それは、御子イエス・キリストが十字架にかかって私たちの罪を贖い、神からの罪責の赦しを獲得してくださった（同一14参照）ことが土台にあることはもちろんであるが、救いを得て新生した後の信仰生活において、天の父は、ご自身がお持ちのあらゆる宝をもって私たちを満たし、喜びに溢れさせてくださるからである。

救いにあずかり、聖化の道を歩み始め、御心にかなって生活している私たち一人ひとりに、聖徒の相続分（同一12、新共同訳参照）を惜しみなく与えてくださり、恵みで満たしてくださる。

天の父が御子キリストを通して私たちに与えてくださる恵みには、憐れみ、平安、希望をはじめとして、現在においては聖・義・愛の付与、万物の授与、死からの解放などがある。また将来においては、よみがえりの後に、霊のからだの付与、永遠の命と御国の授与などがある。

これらばかりでなく、主イエス・キリストは常に共にいてくださり、私たちを守り導き、御霊の実を結ばせてくださる。そして主との堅い結び付きによって、どんな艱難、苦悩、迫害、飢え、危難（ローマ八35参照）にも耐えられるようにしてくださる。

これらの一つひとつの神と御子キリストからの恵みの授与を思う時、私たちは、信仰生活を続ける途上において、いつも感謝と讃美をもって応えざるをえない。

欠けたところを満たしていく

パウロはコロサイ書で、「キリストの苦しみの欠けたところを身をもって満たしています」（コロサイ一24、新共同訳）と言っている。この「キリストの苦しみの欠けたところ」というのは、欠点や不足のことを言っているのではない。キリストが十字架上で悶絶の苦しみをもって贖罪されたことは完全であって、不足しているところも欠点も全くない。

それでは、この「キリストの苦しみの欠けたところ」とは何であろうか。それは、この言葉のすぐ前にパウロが「キリストの体である教会のために」（コロサイ一24、新共同訳）と言っていることと、「あなたがたに神の言葉を余すところなく伝えるためです」（同一25、同）、およびその叙述の最後に「このために、わたしは労苦しており、わたしの内に力強く働く、キリストの力によって闘っています」（同一29、同）の言葉のうちに、その答えがある。すなわち、「キリストの苦しみの欠けたところ」とは、「キリストの宣教の働きの未完成の部分」ということである。

キリストは福音の内容そのものを完成された。しかし、それを人々に伝える宣教はご自身が生前にもなされたが、その完成はご自分ではなさらずに昇天された。そして宣教の完成へ向かっての働きは、聖霊を送られて使徒や信徒たちに託された（マタイ二八19〜20、使徒一8参照）。パウロもこの宣教のために召命を受け（コロサイ一25参照）、苦闘しながら福音を伝えている（同一28〜29参照）。現代においても、世界には福音がまだ満たされていない。

福音は知的満足のための教養でもなければ、立身出世するための手段や道具でもない。また神学上の議論をするための素材でもない。「罪に陥って苦しみを続け、恵みを受けられなくなっている人間を救う」という神の大計画の使信である。この福音を世の人々に伝えることを、主は私たちキリスト者一人ひとりと教会とに委ねられた。委ねた福音の浸透によって、神も御子も福音未完成の部分を、私たちによって完成しようとされている。

私たちは福音のなお足りないところを、私たちの身をもって満たしていくようにとの期待に応えていかねばならない。

騙しごとの哲学から離れる

私もほんの少しではあるが、哲学に親しんできた。この哲学に関し、気になる言葉が聖書にある。パウロがコロサイ教会宛の書簡で述べている次の言葉である。「あの空しい騙しごとの哲学に捕らわれないように、注意しなさい」（コロサイ二8参照）。

これによって、真理を探究する哲学のいっさいが否定されているわけではない。哲学することが非難されているわけでもない。神に関する真の知識を求めることは、聖書でも奨励されている（箴言一〇14、Ⅱペテロ一5参照）。幼稚な教えになってしまう哲学の部分が警戒されているのである（コロサイ二8参照）。

騙しごとの幼稚な教えとは、

①人の罪性や欲望から抜け切れていない人の言い伝えによるものであったり（Ⅰコリント二8、13参照）、

②神の知恵に基づくものではなく、原罪に染まったこの世の知恵によるものであったり（同一20参照）、

③神の導きや戒めに属するものではなく、浅知恵に基づいたこの世に属する教えであ

る（コロサイ二8、22参照）。

そうであるから、主イエスはパリサイ人や律法学者に向かって、答えて言われている。「あなたがたはイザヤが預言しているとおりである（イザ二九13参照）。すなわち、『この民は、口先ではわたしを敬うが、その心は、わたし（神）から遠く離れている。人間の教えを、教えとして教えているだけだからである』（マルコ七6～7参照）。

なぜ幼稚な教えになってしまうのであろうか。それは人間的な教えだからである。判断や判定の中心王座を聖なる神に占めていただくのではなく、人間の理性を信頼して、理性を王座に据えるからである。人間の理性が罪性に犯されていなければ、それでもよかろう。しかし、残念ながら、理性も罪の汚れに染まってしまっており、原罪の影響を受けている。

このような現状にあっては、部分的に人間の幼稚な教えとなっている哲学に、解釈のすべてを任せたならば、必ず間違った道へ入り込んでしまう。キリスト者として歩むべき道は、神から聖霊を通して啓示される、神の知恵に基づいた道でなければならない（箴言三5参照）。

価値観の転換

主イエス・キリストによって新しく生まれ、神の家族となったキリスト者は、どのような世界観を持つようになり、どのような価値観に変わるのであろうか。パウロは、「あなたがたは上にあるものを思うべきであって、地上のものに心を引かれてはならない」、「上にあるものを求めなさい」（コロサイ三2、1）と勧めている。

天の父の絶大な愛を知り、救いの大計画（経綸）とその最終到達地点（天国、神の国）を知ったキリスト者は、もはやこの地上のことに心を捕らわれなくなる。なぜなら、上にある豊かで輝かしい栄光を見せられ、それらの授与を約束されているからである。この地上の事柄はどんなものも過ぎ去っていき、消滅するか価値のないものになってしまう。そして、それらの何一つとして御国へまでは持っていくことができない。だから、キリスト者は、地位、名誉、財産などの地上の事柄や、この世が約束する幸いなどに、心を奪われなくなる。地上で受ける苦しみさえも喜びとし、天にある永遠に朽ちることも萎《しぼ》むこともない価値あることにのみ関心を持つようになって、信仰生活を続ける。

キリスト者がそのようになるのは、今まですべてのことを人間的な価値観で測っていた自分が、あらゆるものを、永遠の光に照らして判断する者に変わったからである。神の恵みと栄光を知るようになったからには、もう地上のことに心惹かれることなく、上にあるものを追い求めていくようになる。

目的であり生き甲斐のキリスト

聖書には、所々分かったようでよく分からない表現の箇所がある。例えば「私たちのいのちなるキリスト」（コロサイ三４）などである。この「いのちなるキリスト」はどのように解釈したらよいのであろうか。

一つの理解としては、①新生によって私たちに新しいいのちを与えてくださった方、②復活によって永遠のいのちを約束してくださっている方、と解釈することができる。

もっと平易に考えると、次のようにも理解できる。すなわち、私たちはしばしば、「私にとって歌はいのちです」とか、「私は仕事がいのちです」のように表現する。この場合の「いのち」は、生命的な命のことを言っているのではなく、その意味は、「私の生き甲斐です」とか「私にとっての生きる目的です」と言っているわけである。

これらと同じように考えるならば、「私たちのいのちなるキリスト」（同三４）は、私たちが信仰生活を続けていく上で、「主イエス・キリストは、私にとって目的・目標です」とか、「私がキリストと共に生きていくことは、私にとって生き甲斐になっています」と言っていると解釈してもよいのではなかろうか。

花嫁の装い

私の書斎机の右側の壁には、私が上野教会で挙げた結婚式の時の、私と家内が一緒に並んで撮った一枚の記念写真が、長年にわたって額に入れて飾ってある。初心を忘れないためである。私は白手袋を右手に持った燕身服、新婦の家内はブーケを膝に置いて、自分でフルオーダーした純白無垢の絹のウエディングドレスを着ている。

さて、キリストを花婿とする花嫁は、どんな装いをするであろうか。当然のこととして、花嫁は私たちクリスチャンである。

「神に選ばれ……聖なる、愛されている」（コロサイ三12）キリストの花嫁は、五重《いつつがさ》ねの衣をまとうと、コロサイ書では言っている（同三12参照）。すなわち、①あわれみの心、②慈愛、③謙遜、④柔和、⑤寛容という、五つの徳の衣である。この衣を着た仕上げとして、愛という帯を締めるという（同三14参照）。クリスチャンは五重ねの徳という品性を身に着けた上に、完全にする愛という帯で装いを整えられて完成される。この帯は「徳を全うする帯」であると、文語訳では言っている（同三14）。新共同訳では、「愛は、すべてを完成させるきずなです」と言っている（同三14）。そうなのだ。愛は、パウロが言うように、すべての徳の基《もとい》であり（Ⅰコリント一三4～7参照）、御霊の実を完成させる原動力である（ガラテヤ五22～23参照）。

私たちは、五重ねの衣をまとい、愛という帯で身を整えて、再臨の花婿キリストを、望みを高くして待ちたい。

柔和と寛容

「あなたがたは、神に選ばれた者、聖なる愛されている者として、柔和、寛容を身に着けなさい」（コロサイ三12参照）。これはコロサイ書にある勧めである。私たちは、ここに書かれている柔和や寛容がどのような意味や内容なのかを、あまり深く認識しないで読み進めてしまうことが多い。

この柔和と寛容は、自分自身に対してと隣人に対しての二つの面で、思いや行動になって現れてくる。

柔和とは、一言で言えば、心が柔らかく、何事につけても穏やかで、感情が和やかなことである。具体的には、

(a)自分に対しては、

①要求して当然の自己の権利を主張しない。

②自分の利益の増大化を図らない。

③自分が正しいということをいつまでも言い続けない

④神の御旨に心が集中しており、みこころに服して従順に生きる。

(b)隣人に対しては、

①何事も一歩下がって譲るようにする。

②自分の個人的な意見や願望を押し付けない。

③利益についても権利についても、また正統性についても、自分の考えにこだわらず、相手を優先する。

④どんなことにも謙譲の精神をもって行動する。

寛容とは、心が寛く、何事も善意に解釈して、自らのふところに抱き込むかのように広く大きく受け入れることである。具体的には、

(a)自分に対して、

①他者から受ける嘲笑や軽蔑というものを、そういうものかとそのまま受け入れる。

②悪意ある行動や態度をされても、腹を立てることなく、恨みもせずに忍ぶ。

③他人から怒りをぶつけられ、冷遇されても、反発せず心乱されずに耐える。

(b)隣人に対しては、

①他者の愚かな言動や無知を、批判せずにそのまま受け入れ、責めることをしない。

②意地悪な仕打ちを受けたとしても、言葉においても行いにおいても応酬せず、節度

をもって耐える。

③当を得ていない筋違いの怒声をぶつけられても、優しく受け流して、非難しない。別な言い方をすると、柔和な人は、不当に責められても怒らず、意見の違いがあっても自説に固執せず、自分の利益のために争うことをせず、正当な権利の行使を差し控える。また寛容な人は、自分で定めた一つの基準だけに捕らわれることなく、隣人に対して決して短気で性急なことをせず、隣人を認め許して、温かく受け入れる。

この柔和と寛容は、御霊の実である九つの徳の中の二つである（ガラテヤ五22〜23参照）。私たちが聖霊の導きに従って信仰生活を続けていくときに、柔和と寛容は御霊によって私たちに植え付けられ、私たちの品性として根付かせていただくものである。

行いを伴う信仰

有言実行でも不言実行でも、どちらでもよいが、私は技術者上りのせいか、実行ということを重視する。口ばかりで実行のない人を、時々見かけるが、あまり感心しない。

さて、キリスト教信仰は、自分の内に留まるだけでなく、外の世界に表れる信仰でもある。またそうでなければ、キリスト教信仰に価値はない。救いは、個人的内面的でたいへん衝撃的な経験であるが、その救いを受けて、きよめの道を歩み始めたクリスチャンの生活には、家庭生活にも家族関係にも、また社会生活にも人間関係にも、新生と聖潔が言動となって実際の生活に表れる。

キリスト教信仰は、きわめて神秘的な宗教であるが、もう一面できわめて現実的で実際的な生活そのものでもある。パウロが多言をもって勧めていることであるが（コロサイ三18〜23参照）、実際の現実的な生活の中で、夫は妻に対し、妻は夫に対し、親は子に対し子は親に対し、使用人は主人に対し主人は使用人に対し、信仰の力がその言動の上に表現される。信仰から来るこの振舞いを励まし正しく行わせるのが、神から来る恵みである。恵みを豊かに与えられて導かれるクリスチャンは、救いときよめの実を、その態度と姿勢に正しく発現させていくことができる。

堅実な信仰にあずかるクリスチャンとして、実行の伴う信仰生活を続けていきたい。

見詰めるべきでない三つ

私たちは、肉眼は目覚めているのだが、精気が目覚めていない時がある。朝起きたときなど、特にそれを感じる。目覚めて床から抜け出しているのではあるが、まだ精神のほうが目覚めていなく、ぼうとして、頭の回転がまだ十分でないということがある。

コロサイ書でパウロは、「目をさまして、……たゆみなく祈りなさい」（コロサイ四2、新共同訳）と勧告している。この「目をさまして、祈れ」は、主イエスがゲツセマネの園で、血の汗をひたたらせて神に祈りをささげている間に、ペテロなど眠りこけてしまった弟子たちに言われた言葉でもある（マタイ二六41参照）。

この「目をさまして」とは、「目をよく見開いて、霊眼をさやかに澄ませて」、「見つめるようにして、それに精神を集中して」という意味である。私たちが目をさまして見つめるべきは、天の父であり、主イエス・キリストである。しかし、私たちが見つめてしまいがちであって、だが見つめてはならないものが三つある。①自分と、②サタンと、③自分の罪である。

①自分自身を見つめ続ける人は、自分があまりにも無力であり、存在している価値が

ないことに行き着き、挙句の果てに、生きる望みのないことに至って、絶望の底に突き落とされていく。これによって自らの命を絶っていった人が過去に何人もいる。

②見詰めるべきでないサタンを見つめる者は、「どうぞあなたの誘惑に私を乗せてください」と懇願しているようなものである。そして、あのエバのごとくサタンの罪の色に染まり、行く末はサタンに捕らえられて、サタンの奴隷となり、サタンの悪業に喜んで加担する者となってしまう。

③自分の罪を見つめ続ける者は、神に立ち返る資格など自分にはないと、自分で決めてしまい、救いときよめへの道を自ら閉ざす者となる。その結果は、一生の間希望も喜びもない、原罪に緊縛された罪人のままの生涯を過ごし、陰府へ下る者となってしまう。

私たちは、目を覚まして、たゆみなく祈り続けることによって、常に神の国に生活する者となっていたい。

賢くふるまって語る

パウロはコロサイ教会の人々へ、福音の奥義を語るに当たっては、「時をよく用い、外部の人に対して賢くふるまいなさい」（コロサイ四5、新共同訳）と勧めている。

この「時をよく用い」ということは、「福音を語り伝えるのに、適切な機会を逃さずに、十分に生かして用いなさい」ということである。「外部の人」というのは、福音を伝えるべき教会外の人々のことである。

それでは、「賢くふるまう」とはどのようにすることであろうか。主イエス・キリストも弟子たちに、伝道するに当たり、「蛇のように賢く、鳩のように素直であれ」（マタイ一〇16）と言われた。鳩のように素直であることには、賢く振舞うことも含まれているのではなかろうか。

俗用として「賢く」には「抜け目なく、小利口に」というような意味でこの言葉を使うことがある。しかしここではそのような意味は全くない。福音の言葉を語るのに、うまく交際して小利口に立ち回る必要はない。

パウロが勧めている「賢く振舞いなさい」とは、

①語る相手の魂をとらえるように心掛け、
②相手の状況や心情をよく察知して言葉を選び、表現方法を工夫し、
③躓かせるような内容のことや証詞を語らないように、細心の注意を払い、
④高所目線による威圧的にならないように、謙虚に慎み深く語ることである。

福音を語ることは難しい。そうではあっても、時をよく用いて、賢く振る舞いながら伝えていくようにしたい。

他者による祈りの力

お恥ずかしながら、私は若い頃、祈りにあまり熱心でなかった。ましてや他の人に、自分のために祈ってほしいと、心の底から求めるということが少なかった。祈りの力を知らなかったからである。実業に就き、大きな課題が身にのしかかってくるようになってから、自分の力ではどうにもならず、神に解決の道を示していただきたく、祈るようになった。祈りによって問題が次々と解かれていき、前進の道が開かれていくようになって、はじめて祈りの力の大きさを知り、ますます熱心に主に願い、祈るようになった。パウロも「私のために祈ってほしい」と多くの教会へ頼んでいる（コロサイ四4、ローマ一五30、エペソ六19、Iテサロニケ五25、IIテサロニケ三1参照）。パウロは祈りの力の強力さを十分に知っていたからである。

私は反省を込めて告白するのであるが、他者の祈りを自分がどれほど必要としているか、これを確知しないのには、二つの理由がある。

①一つは、祈りの力がどんなに大きいものであるかの認識が不足していることと、祈りを聞かれた経験が不足していることである。

②二つ目は、神は祈りに必ず応えてくださるとの信仰が不足していることと、応えていただいた体験が不足していることである。

世的な事業であるならまだしも、召し出されて主に委ねられたような、困難で大きな業《わざ》を成していくのに、神の導きと助けなしに成し遂げていくことなど、できるわけがない。そのためには、神を信頼し、自分のすべてを神に委ねて、命じられるままに行動し、神の道具になりきるのでなければ、成就させていただくことはできない。神からの委託事項を完成させていくための基本であり、その開始地点と途上において、絶対に欠いてはならないことが、熱心な祈りである。

祈りには力があり、必ず応えられる。

賢明をもって話す

聖書を読んでいて、私の関心を引き起こし、注意を促す言葉がいくつかある。その一つに「愚か」と「賢い」がある。例えば「神の愚かさは人よりも賢く、神の弱さは人よりも強い」（Ⅰコリント一25）などである。コロサイ書を読んでいて「賢い」があった（コロサイ四5）。

パウロは、福音を語ることにおいて、「外部の人に対して賢明にふるまいなさい」（同四5、新共同訳）と勧告している。外部の人すなわち教会外のまだ信仰を持っていない人に対して、福音を語る場合には、賢明な行動を採りなさいと、パウロはここで勧めている。

なぜ賢明に振舞う必要があるのだろうか。賢明に振舞うべき理由と目的は、何であろうか。それは、①語る相手のためと、②教会のためと、③自分自身のため、の三つの理由と目的がある。

①まず、福音を語ってさしあげる相手のことを思って、自分が賢明でなければならない理由は、聖人ぶった態度や自分の意見の押し付けなどの、私たちの思慮を欠いた言動によって、相手が福音を聞くことを、今まで以上に嫌いになることを防ぐため

である。賢く振舞って、相手が喜んで、さらにその先を聞きたいとの意欲を引き出すためである。

②教会のために、福音を賢明に語る理由は、的外《まとはず》れな福音の語り方をして、キリストの御名を汚すことがないようにするためである。また、間違った福音を喧伝することによって、教会そのものが人々から中傷を受けるようになったり、教会の存在や宣教活動に不必要な反対を呼び起こすことがないようにするためである。

③自分自身のために、賢明をもって福音を語るべき理由は、語っている自分が世の汚《お》穢《わい》や卑猥に巻き込まれ、犯されないようにするためである。自分では気が付かない間に、語っている相手の中に潜《ひそ》んでいるサタンの言葉や誘いに乗ってしまい、自分が悪に染められていることがあるので、注意する必要がある。

いずれにしても、相手への温かい心遣いと自らのきよさを保つ賢さをもって、主から託された大宣教命令（マタイ二八19～20参照）に従っていきたい。

縦書き？　横書き？

パウロは書簡を教会へ書き送る時に、最後の文面の所で、口伝代筆者から筆を受け取り、自ら署名し、別れの挨拶や祝禱を書いている。例えば、「パウロ自身が、手ずからこのあいさつを書く」（コロサイ四18）、「ごらんなさい。わたし自身いま筆をとって、こんなに大きい字で、あなたがたに書いていることを」（ガラテヤ六11）、「ここでパウロ自身が、手ずからあいさつを書く」（IIテサロニケ三17）のようにである。

ところで、朝日新聞の「耕論」欄で、文章の書き方は縦書きか横書きかで、三人の方がそれぞれ意見を述べていた。パウロはどちら書きにしたのだろうか。あなたは縦書き派ですか、それとも横書き派ですか。

和歌、俳句、書状の筆書きが縦書きで、上から下へ流れるように静かに進んでいくのが日本人の性情に合っているせいか、従来は文章はほとんど縦書きであった。しかし、パソコンやスマホなどの情報機器が普及するようになってであろうか、横書きの文章が増えてきた。その日の新聞一つを取ってみても、縦書きの面以外に、その頁全面が横書きであったり、同一紙面内に縦書き部分と横書き部分が混在している頁があるようになった。

私は著述において基本的な区分けをしている。読者の精神に訴えかける文で、読み手の心に深く入っていってほしい内容の文章は縦書きにし、知識や論述を骨子として表現する本は横書きにしている。例えば、拙書『クリスチャン人生　瞑想録』は縦書きで、『図解　キリスト教信仰の基礎知識』は横書きである。それでも文面のデザイン上、あるいは読者が気持ちを変えて読めるように、縦書きと横書きを併用して著す場合もある。例えば、『幸福と成功の秘訣シリーズ』は、本文を縦書きにし、コラムを横書きにしている。

最近の教科書でも、かなり横書きのものが多くなってきた。そのうちに縦書きは絶滅危惧種に入ってしまうのだろうか。

第四章

テサロニケ人への第一の手紙から教えられること

わたしたちがまた絶えず神に感謝しているのは、あなたがたがわたしたちの説いた神の言を聞いた時に、それを人間の言葉としてではなく、神の言として——事実そのとおりであるが——受けいれてくれたことである。(Iテサロニケ二13)

神学の始まり

新約聖書二十七巻の中で、最初に書かれた書はどれであるか、ご存知だろうか。それは誰によって書かれたのだろうか。福音書が新約聖書の最初のほうにあるので、マタイ伝が最初に書かれたものであるかと思うと、そうではない。四福音書で最初に書かれたのはマルコ伝であって、西暦五〇年代の前半に著された。それよりももっと前に書かれた新約聖書最初の書がある。テサロニケ人への手紙第一と第二である。主イエスが十字架に贖罪されて、復活された二十年後ぐらいの五〇年、五一年頃に、パウロによって著された。

キリスト教には、現代にあっては、ローマにあるあの大聖堂サン・ピエトロ寺院のような、ガッチリと大きく構築された、内容豊富で組織建てられた神学がある。このような神学は、長年月の歴史の中で、アウグスティヌスやマルティン・ルター、ジョン・ウェスレー、カール・バルトなどの天才的神学者や宣教者によって明確にされ、築き上げられてきたのかと想像するが、その想像は部分的には間違いない。しかし彼らの思考による新創造のものではない。最初の新約聖書であるテサロニケ人への手紙には、すでに三位一体であ
る

①神について（Iテサロニケ一9、II二16）、
②イエス・キリストの神性について（II一12、二8）、
③聖霊について（I一5、6、五19）
が、簡潔ではあるが明記されている。また
④主キリストの再臨について（I四15、16、II一7）、
⑤私たちの聖化について（I四3、五23）、
⑥サタンについて（I二18、II二9）
も、言葉少なではあるが明瞭に述べられている。

キリスト教神学の骨子でありエキスに当たる神学事項は、人間の思考や創造によるものではなく、主キリスト昇天後の使徒たちによる原始教会が始まる時代には、すでに信仰のうちに示され、旧約を含む聖書にも書かれており、信じられていたことが分かる。

三つの徳による力

私たちキリスト者の生活の内容を、主要ないくつかの要素に分解したならば、いくつに分類できるであろうか。それは三分野に要約できると言ってよいであろう。すなわち、信仰と希望と愛の三つである。この三要素が、キリスト者生活の主要な徳（七元徳のうちの対神徳）であるがゆえに、聖書では各所で取り上げられている。例えば、次のようにである。「このように、いつまでも存続するものは、信仰と希望と愛と、この三つである。このうちで最も大いなるものは、愛である」（Ｉコリント一三13）。「今の恵みに信仰によって導き入れられ、神の栄光にあずかる希望を誇りにしています。……わたしたちに与えられた聖霊によって、神の愛がわたしたちの心に注がれているからです」（ローマ五2、5、新共同訳）。

この三徳には、必ず働きが伴う。信じ委ねるという精神的なものだけに止まらず、三徳のそれぞれが実践されて、キリスト者生活のうちに行為となって現れる。それをテサロニケ人への手紙では、一つの聖句内にまとめて明示している。すなわち、①信仰の働き、②愛の労苦、③望みの忍耐（Ｉテサロニケ一3参照）である。

①信仰は、人の行動を信じるだけに終わらせない。必ず信仰による働きが、生活や仕事の全面に現れ、神の力と知恵が、キリスト者の活動を通して、人々の前に表示される。むしろ、働きのない信仰などというものはありえない（ヤコブ二17〜18参照）。

②愛は人々の労苦を喜んで負う。なぜなら、愛とは、自らの利害得失を顧みずに、相手にとってよいことを選び採って、それをしてあげることだからである。なぜそれができるのかというと、過去に限らず今現在も、自分が神とキリストから絶大な愛をもって愛されていることを知っており、実感しているからである。

③望みの一番大きな働きは、忍耐を生み出すことである。望みがあるから、現在のどんな艱難辛苦にも耐えて、目指すものに向かって貫行していくことができる。

その望みとは、キリストの復活に保証された、私たちへの永遠の命の授与であり、キリストの再臨があるときに、私たちが神の国へ招き入れられることである。この希望が私たちのうちに湧き上がってくるがゆえに、どんな苦難にも耐え忍んで、不屈の精神をもって、使命を達成していくことができる。

信仰、希望、愛に満ちた生活というものは、なんと喜びと力に満ち溢れた生涯を約束してくれることであろうか。

愛されていることから来る幸せ

信仰を持つ者にとって、自分が幸せを感じる根拠・源泉は、どこにあるのだろうか。ある人たちは、①教えや教義から、②奉仕などの実践活動から、③信徒同士の交わりによる人間関係から、自分の主観的幸福感は出てくる、と分析している。

はたしてそうであろうか。確かに、①罪赦されて、永遠の命が与えられるとの教えから、また②教会内での諸々の活動に参加することから、あるいは③信徒同士の会話や助け合い、祈り合いなどのコミュニケーションから、安心や充実感は得られる。すなわち、①心の緊張感からの解放、②自己実現による充実感、③信徒同士の交流による喜びや平安が得られる。

しかし、信仰を持つ者の真の幸福感は、これら①、②、③によるものではない。これらから得られる幸福感は、信仰に関係する諸活動に付随して生じてきた副次的な産物であって、信仰からくる本質的な幸福感ではない。信仰による本当の幸福感は、「私は神から愛されている」ことを固く知って、これを確信することから出てくるものである。神と自分との一対一の人格的な愛の関係から生まれてくるものである。

「信仰者の幸福感は、神から愛されていることの確知確信から生じてくる」ことを裏付けるように、パウロはテサロニケ人への手紙で、次のように述べている、「あなたがたは神に選ばれた者であり、あなたがたは神に愛されている」（Iテサロニケ一4参照）と。神に愛されていることを知って確信しているからこそ、「あなたがたは信仰による行為や働きができている。すなわち、人々へ惜しみなく愛の労苦を施し、キリストの再臨の望みを忍耐をもって保っている」（同一3参照）。

私たちは、天の父と主イエスから、救い主キリストの命を懸けてまでして、強く愛されている。このことをさらに深く知って、幸いに満たされつつ、真実な信仰生活の歩みを進めていきたい。

なぜ選ばれたのか

パウロはテサロニケの教会の人々への手紙で、次のように書き送っている。「神に愛されている兄弟たちよ。わたしたち（今、パウロと共にいる人々）は、あなたがたが神に選ばれていることを知っている」（Ⅰテサロニケ一4）。この「選び」「選ばれている」ことについて、少し考えてみたい。

私たちキリスト者が選ばれていることとは、結果によるものではなく、目的としてである。私たちが何か功績を積んだので、その結果として選ばれたのではなく、私たちが神のためにこれから何かをする、その目的のために選ばれたのである。私たちが神から選ばれたのは、エリートとして特権を受けるためではない。私たちが神の働きに加わって、神のみこころを現す目的のためである。昔、イスラエルの民は、この選民の意識を取り違えて、民族の運命を狂わせてしまった。

主イエスが弟子たちの中から十二人を選び出した目的は、彼らを使徒とするためであった（ルカ六13）。使徒として福音宣教に携わらせるためであった。主は別の箇所で、次のようにも言われた。「あなたがたがわたしを選んだのではない。わたしがあなたがたを選んだのである。（その目的は）あなたがたが（全世界へと）出かけていって、（人々を救いにあずからせるという）実を結び、その実が（あなたがたから教育と訓練を受けて）残るようにするためである」（ヨハネ一五16参照）。

パウロもエペソ人への手紙で、選びについて次のように言っている。「みまえにきよく傷のない者となるようにと、天地の造られる前から、キリストにあってわたしたちを選び、……これは、その愛する御子によって賜わった栄光ある恵みを、わたしたちがほめたたえるためである」（エペソ一4、6）。「わたしたちは、御旨の欲するままにすべてのことをなさる方の目的の下に、……神の民として選ばれたのである」（同一11）。

私たちは、自分が神の恵みを現在享受するためだけに、クリスチャンとして選ばれたのではない。各自それぞれが、自分の生涯を使って神の栄光を現し、その結果、人々の間で主の御名が崇められるようにするために、選び分かたれたのである。このことを深く認識して歩んでいきたい。

そのためには、

①自分への神のみこころが何であるかをよく知り、

②そのみこころに従順に従い、心身を献げて活動し、

③主のみこころが世の人々に十分に伝えられ、吸収されるようにして、生きていくことである。

信仰へ至る七段階

福音が私たちに伝えられ、それが自分のものになるには、七段階の過程がある。
①まず初めに、人々に救いを与えてあげようとの天の父の愛の御旨があって、
②その意志が神の力を注ぎ込まれた御言葉となり、
③この御言葉が聖霊によって人に届けられ、
④人は、聖霊の力の助けによって、霊眼霊耳が開かれて、
⑤神の御旨が入っている御言葉を、自分の霊（の器）に受け入れ、
⑥御言葉に込められた神の愛の御旨が確信となり、
⑦神と自分との一対一の人格的個人的交わりを持つ、不動の信仰となる。

それだから、パウロはテサロニケの人々が福音を受け入れ、信じた経過について、次のように言っている。「わたしたちの福音があなたがたに伝えられたのは、ただ（私たちが語った）言葉だけによらず、力と、聖霊と、強い確信とによったからです」（Ｉテサロニケ一5、新共同訳）。

私たちも、テサロニケの信徒の人々と同じように、力と、聖霊と、確信とによって、福

音をしっかりと自分のものにし、信仰生活を堅固なものにしていきたい。

「喜び」の源泉の違い

テサロニケ人への手紙でパウロは、次のように言っている。「あなたがたは、多くの患難の中で、聖霊による喜びをもって御言《みことば》を受けいれ、わたしたちと主にならう者となった」（Ⅰテサロニケ一6）。この「喜び」について考えてみたい。

キリスト者の持つ喜びというのは、一般社会で言われている喜びとは異なる。一般社会での喜びは、何か自分にとって都合がよいことが起こったり、望んでいた状況・状態に入れられるようになったり、あるいは自分にとって好ましい条件や環境が来たりしたとき、心の中に現れてくる嬉しい感情である。これに対し、聖書で言うところの、キリスト者が持つ喜びは、私たちの生活や活動が、神の御手の中にあって、神に導かれ、神の力で支えられていることから生じてくる、平安で確信的な情動である。

キリスト者の喜びは、社会の周囲から与えられるものではなく、また私たち自身が努力などによって作り出すものでもない。私たちキリスト者の喜びは、パウロがこの聖句で言っているように、御霊によって神から送り届けられるものである。そしてその喜びは、聖霊が私たちの心の内に、徳の一つとして結ばせてくださるものである。「御霊の実は、愛、喜び、平和、……」（ガラテヤ五22）とあるとおりである。

人をではなく、神を喜ばす

天の父は人に喜びを与える、と約束しておられるのではなかったか。それなのにパウロは、「わたしたちは……人間に喜ばれるためではなく、……神に喜ばれるように、福音を語る」（Ⅰテサロニケ二4）と述べている。この言葉が分かっているようで、明確に順序よく説明できず、今に至るまで何となく引っかかるものがあった。この際、これに集中して黙想してみようと思う。

語る福音は、第一段階で、罪を指摘してそれを悔い改めさせようとする。第二段階では、その罪をなかったものとするために、神はその贖罪を御子イエス・キリストの十字架によってなされようとされたことを伝える。第三段階で、罪の告白を求め、神に立ち返ることを要求する。その結果として第四段階で、新生が与えられ、義と認められ、神の家族として迎え入れられることを伝える。

人は自分の隠れた部分の事実を指摘されることを喜ばない。また、神は聖であるから、汚《けが》れを喜ばれず、受け入れようとはなさらない、との真意を伝えられることを歓迎しない。

福音の第一段階と第三段階は、人にとって、要求されそれを実行することは、苦しいことである。「神が自分を愛してくださっている。ゆえにこのように求めておられるのだ」と信じ、これを受け入れない限り、福音の各段階を踏み、行動を起こしていくことは難しい。ここに、神の言葉の福音を人々が喜ばない理由がある。しかし、人が苦しくて喜ばなくても、福音が求める全段階を省くことなく曲げることなく、すべて正しく伝えることが伝道であり、神が喜ばれることである。

だからパウロは、「私たちは神に認められて福音をゆだねられた者ですから、それにふさわしく、人を喜ばせようとしてではなく、私たちの心をお調べになる神を喜ばせようとして語る」（Ⅰテサロニケ二4、新改訳第三版）と言っているのである。

福音の使信は、聴衆が安易に求める願望に合わせるようには語らない。神のみこころをそのまま率直に語り伝える。神の前にあっては、人を喜ばすのではなく、神を喜ばすようにすることが、すべてのことにおいて、人の本来の在り方である。ここに真実を貫き通すことの厳しい神の愛がある。

神の国の特徴

天国とか御国は、私たちの行きたい憧れのところである。テサロニケ人への手紙に、「ご自身（神）の御国と栄光とに召してくださる」（Ⅰテサロニケ二12、新改訳第三版）とある。この御国について考えてみたい。

神の国は領域ではなく、統治であると言われる。神の国とは場所ではなく、神の主権が及んで支配される状態のことである。だから主イエスは、「神の国は見られるかたちで来るものではない。また『見よ、ここにある』『あそこにある』などとも言えない」（ルカ一七20～21）と言われた。

神の国においては、他とは違った二つの特徴がある。

①一つは、そこは神の栄光と恵みが満ちている。

②もう一つは、そこでは神の御旨が実行されている。

したがって、そこでは

①御国に住む人は、神の愛と憐みに包まれ、神の富と知恵に満たされ、喜びで太陽のように輝いている（マタイ一三43参照）。

そして、

②神の国では、聖と義が完全に実現実行されており、影や暗さというものは微塵もなく、悪や汚れはその一片さえも探し出せず、清純なきよさで満たされている。

神の国にはもう一つの特徴がある。それは信じる者の心の中に存在するということである。したがって、主イエスが初臨された時（過去）にはすでに始まっており（マルコ一15、ルカ七22参照）、現在も信じている者の心の中にあり（ルカ一七21参照）、主イエスの再臨の未来に完成し、完全に出現する（黙示録二一1〜4参照）。

私たちは、今神の国に生かされていることに感謝し、やがて来る完全な神の国を待望しつつ、信仰生活を続けていきたい。

福音が伝わる二要件

福音が人々に伝わるには、二つの条件を満たす必要があると言えるであろう。それがテサロニケ書のパウロの言葉のうちにある。すなわち、「あなたがたがわたしたちの説いた神の言《ことば》を聞いた時に、それを人間の言葉としてではなく、神の言として……受けいれてくれたことである」（Ⅰテサロニケ二13）。

①一つ目の条件は、伝道する者が、聖書に基づいて福音を語ることであり、②二つ目の条件は、聞く者が、その御言葉を信仰を持って、神の言として受け入れることである。

①聖書に基づいて、神のみこころやイエス・キリストの愛の贖罪などの福音を語るべきであるのに、教義や教会歴史、あるいは聖人・著名人の言葉や行状などを持ち出して説得しようとしたのでは、聞いている人に福音は伝わらない。聖書に基づいて、神の御言葉をもって、よきおとずれを話すのでなければ、福音は聞く者に伝わらない。

②宣教の言葉を聞く者が、議論によって、あるいはそれを理解し納得しようとして聞いていたのでは、福音は伝わらない。宣教を受ける者が、自分の先入観をもって聞

いたり、高慢な思いをもって聞いていたのでは、福音は力を発揮しない。伝道を受ける者が、それは人の言葉ではなく、神のことばであり、自分を愛するために語ってくださっているのだと、信仰をもって聞き、受け入れるのでなければ、救いは来ない。それゆえに主イエスは、福音を聞く者に、次のように戒めて言われた。「だから、どう聞くべきかに注意しなさい」（ルカ八18、新共同訳）。

「神は、宣教の愚かさによって、信じる者を救うこととされた」（Ⅰコリント一21）のであるから、神の愚かさに徹して、「十字架につけられたキリスト（のこと）を宣べ伝える」（同一23）のでなければ、伝道にならない。「神の愚かさは人よりも賢く、神の弱さは人よりも強い」（同一25）ことを信じて、伝えていくことが肝要である。

わたしにとっての喜びと誇り

私がお茶の水聖書学院で学んでいた頃、増田学院長が授業の中で、学生の私たちに対して、よく次のように言っていたことを思い出す。「わたしたちの主イエスの来臨にあたって、わたしたちの望みと喜びと誇りの冠となるべき者は、あなたがたを外《ほか》にして、だれがあるだろうか。あなたがたこそ、実にわたしたちのほまれであり、喜びである」（Ⅰテサロニケ二19～20）。

これを聞いた学生の私たちは、胸が熱くなり、力を与えられて、ますます熱心に学ぶように整えられた。学院長をはじめ、教師として立って教えておられる先生方にとっては、世的な誉れや豊かさを一切捨てて、福音を伝え、天の父と御子の愛を知らせるために、生涯の生活と命を懸けて、期待する学生たちに、情熱を注ぎ続けることは、「主の前に立つ時になっての自分にとって、教えてきたあなたがたこそ、わたしにとっての望みであり、喜びであり、誇りであり、ほまれである」と吐露するのは、心底本心から出てくる言葉なのだろうと感じた。

それは私自身の人生を顧みて、同じ思いを感じ、感謝する。自分にも出世や世の富を得る機会は多くあった。それでも、主の僕に徹することと、神の栄光と御心を人々に伝えるために、時間と才能を注いで、喜びのうちに主に仕えてきた。福音や教義やキリストの愛を伝えるために、時間を献げ、財を献げ、奉仕し、著述し出版もし、教えるために学生の前にも立ってきた。それらを受けた人々が、神に立ち返って幸いを受け、成長することができたなら、私にとってこれ以上の喜びや誇りや誉れは、外にない。

患難に負けない

テサロニケ書に、クリスチャンの患難に関することが書いてある。私も生涯を振り返って、いくつかの患難や迫害を受けてきた。私がキリスト者であるがために、仲間外れにされたり、飲酒するようにと押さえ付けられ強要されたこともあった。信仰を持っているということで、教会を採るか会社を採るのか二者択一を迫られ、教会を選んだ私は、長期にわたって活動の自由を奪われ、職を干されることもあった。

同じキリスト者である人々が、迫害や患難に遭っているのを見るのも聞くのも辛いし、悲しい。しかし、それでも信仰を堅く持って立っているのを耳にするのは、嬉しいし励ましにもなる。どんな艱難であっても、切り抜けられない苦難はない。主は必ず私たちを守り、それに耐えられるように、逃れの道をも備えていてくださる（Ｉコリント一〇13参照）。私もそれを経験してきた。

「いったい、キリスト・イエスにあって信心深く生きようとする者は、みな、迫害を受ける」（IIテモテ三12）とあるし、「わたしたちは患難に会うように定められているのである」（Ｉテサロニケ三3）ともある。「わたしたちが神の国にはいるのには、多くの苦難を経なければならない」（使徒一四22）のである。これが現実の世界であり、今を生きる私たちにとっては、定められた当然のことなのであろう。

なぜであろうか。それは、神の国がまだ完全には来ておらず、サタンが横行しているからである（Iテサロニケ二18参照）。人々を苦しめ、神を疑わせ、信仰を持たせないようにし、信仰を棄てさせようとしているからである。だから、「わたしたちの戦いは、血肉に対するものではなく、もろもろの支配と、権威と、やみの世の主権者、また天上にいる悪の霊に対する戦いである」（エペソ六12）と聖書には書かれている。だからこそ、「御国を来たらせたまえ」（主の祈り）と強く祈らざるをえない。

私たちは、どんな状況の中に置かれようとも、主の慰めと守り、導きを受けて、サタンから来る攻撃の患難に負けることなく、互いに励まし合い、祈り合い、人々の手本になるくらいにして、信仰生活を堅固に続けていきたい。

わたしたちが生きてくる

テサロニケ人への手紙で、これは何を言っているのだろうかと、考えさせられる言葉があった。パウロが「あなたがたが主にあって堅く立ってくれるなら、わたしたちはいま生きることになる」(Ⅰテサロニケ三8、口語訳)、「あなたがたが主にしっかりと結ばれているなら、今、わたしたちは生きていると言える」(同、新共同訳)と述べている。この「わたしたち(パウロやテモテ)は生きることになる」とは、どのようなことを意味して言っているのだろうか。この「生きる」で何を表現しようとしているのであろうか。

端的に言えば、この「生きる」は「生き甲斐」と言い換えてもよいであろう。すなわち、「テサロニケの信徒の人々よ。あなたがたが患難に遭っているにもかかわらず、信仰を守り通し、確信に堅く立って生活していることを、私たちが聞くことは、あなたがたに伝道して福音を伝えた私たちにとっては、宣教の召命を受けて活動している私たちの働きに効果があったことの証拠となり、それは、神からも喜ばれることであって、私たちには生き甲斐になる。さらに宣教することへの励ましにもなる」と、パウロは言っているわけである。

この解釈を裏付けるように、新改訳聖書（第三版）では、この同じ箇所を次のように訳出している。「あなたがたが主にあって堅く立っていてくれるなら、私たちは今、生きがいがあります」(同)。

私たちが現在伝道することによって、その福音の言葉を聞いた人々に、新しい命が与えられ、喜びと活力に満ちた生活がやってくるようになるのであれば、この伝道は私たちを生かすことになり、私たちの生き甲斐にもなるでしょう。

責められない者になる

ちょっと気になる文言があった。それは「清く、責められるところのない者にして下さるように」（Ⅰテサロニケ三13）とある。主イエスの再臨の後に、神の御前で、清くないと責められるというのである。

私たちは、黙示録に書いてあるので、最後の審判において、誰もが例外なく神の御前に立ってさばきを受ける、ということを知っている。生きている者も死んだ者もすべての人が、数々の書物に記録されたその人のしわざに応じて審判を受け、行き先が決まるという（黙示録二〇12～15参照）。

責めを受けるのはきよさについてであり、その評価は人の目によるものではなく、神による。「神のみまえに」（Ⅰテサロニケ三13）とあるように、神の標準で測られ、神の聖、義、愛に照らして判定される。

この責めに合格するためには、どうしたらよいのであろうか。その備えは私たちの日々の生活の中で、信仰によってするものである。ピリピ書には次のように書いてある。まず自らの行いにおいて、「あなたがたが責められるところのない純真な者となり、曲った邪悪な時代のただ中にあって、傷のない神の子となるためである」（ピリピ二15）と勧められている。

もう一つ重要なことは、きよい神の子となるのは、自分の努力によるのではなく、神がなさせてくださるので、これに信頼して委ねて信仰生活を続けていくことである。私たちが「責められるところのない者として」生きていけるのは、主なる神の恵みによってのみ可能だからである。このことは御言葉に、次のようにある。「主もまた、あなたがたを最後まで堅くささえて、わたしたちの主イエス・キリストの日に、責められるところのない者にして下さるであろう」（Ｉコリント一8）。「どうか、平和の神ご自身が、あなたがたを全くきよめて下さるように」（Ｉテサロニケ五23）。

主に従う生活を続けることによって、清く、責められるところのない者にしていただいて、ゲヘナ（地獄）へ投げ込まれて落ちていくのではなく、神の国へ迎え入れられる者になっていきたい。

信仰の足りないところ

テサロニケ教会の人々にパウロは、「あなたがたの信仰の足りないところを補いたいと、日夜しきりに願っている」（Iテサロニケ三10）と言っている。テサロニケの信徒たちは、パウロから誉められ、称讃されていたのではなかったか。例えば、「マケドニヤとアカヤとにいる信者全体の模範になった」（同一7）、「わたしたちは、……あなたがたの信仰によって慰められた。……ほんとうに、わたしたちの神のみまえで、あなたがたのことで喜ぶ大きな喜びのために、どんな感謝を神にささげたらよいだろうか」（同三7、9）と言うようにである。

それではテサロニケ信徒の「信仰の足りないところを補いたい」とは、何を言っているのであろうか。どういうところが足りないと言っているのだろうか。

「信仰の足りない」とは、信仰に欠陥があるとか短所があると言っているのではない。完全でない、不完全であると言っているのである。私たちは新生を受けた後に、神の完全な聖、義、愛に向かって、本来の人間の姿を取り戻すべく、信仰生活を続けていく。キリストの似姿が私たちの内に現れるまで歩みを続けるのが、私たちクリスチャンの目標とする生涯である。だから私たちは聖日ごとに礼拝を守り、牧師はこの歩みを支え養うために、メッセージを重ね、教え説いている。ここに、神の子としてあるべき状態にまだ達しておらず、私たちの不完全さがあり、完全でない姿がある。

パウロはこの不完全を、真の牧者として補いたいと願い、今後も完全を目指しての信仰生活を続け、「神のみまえでの審きで、清く、責められるところのないようにして下さるように」（同三13参照）と、熱心に祈るのである。

私たちも、人生で開始された信仰が完成されるまで、導かれ養われながら、清い生活を続けていきたい。

ますます歩む

第一テサロニケ書の四章を読んでいて、「ますますそのように歩んでください」（Ⅰテサロニケ四1、新改訳第三版）が目に止まった。パウロがテサロニケ信徒へ、「あなたがたはどのように歩んで神を喜ばすべきかを私たちから学んだ」のであるが、「また、事実（学んだとおりに）いまあなたがたが歩んでいる」（同）が、その歩みをさらに励むようにと願う一環の中で、パウロが勧告した言葉である。

聖書では「歩み」「歩む」という言辞が多く出てくる。この「歩み」とはどんなことであると理解したらよいのであろうか。それは、キリスト者生活の生涯にわたる日々の前進全般の行動のことを言っている。そして、その歩みで述べられることは、どのような生活の仕方やあり方であるべきかを教示している。

この歩みの目標とするところは、神の聖、義、愛にあずかった人間の真の姿の取り戻しであり、日々の歩みのあり方は、キリストの導きを受けつつ、聖霊に満たされて、神のみこころの実現に向けて、神が示される御旨を、生活の中で一つひとつ実行していくことである。「神のみこころは、あなたがたが聖くなることです」（Ⅰテサロニケ四3、新改訳第三版）に従った生活をすることである。この歩みの目標と日々の行動と姿勢とによって、神の栄光をあらわすことになる（Ⅰコリント一〇31参照）。

次に、「ますます」とは、高嶺へ向かっての前進と成長をいよいよ加えて、その継続を促進することである。目標とする高嶺は、神の聖、義、愛であって、それは人間にとって至高で無限であるから、そこへ向かう歩みに限りはなく、歩みが向かう高さに限界はない。キリスト者が成長に成長を続けることこそ、神はお喜びになる。

キリスト者が信仰の歩みを止めることは、休息なのではなく、危険を招くことである。堕落させようと常に狙っているサタンの標的になることである。キリスト者が歩みを止めることなく成長へ向かい、聖化を受け続けるには、どんな時にもキリストにつながっていることが肝要である。そうするならば豊かに実を結ばせていただけるようになる。「もし人がわたしにつながっており、またわたしがその人とつながっておれば、その人は実を豊かに結ぶようになる」（ヨハネ一五5）と主イエスは言われた。主イエスにつながってキリスト者として成長するならば、その成長が神の栄光になると、続けて次のようにも言われた、「あなたがたが実を豊かに結び、そしてわたしの弟子となるならば、それによって、わたしの父は栄光をお受けになる」（同一五8）と。

私たちはますます前進成長する結実の道を行って、神の恵みに満ち溢れた聖化の生涯を歩み続けていきたい。

神が喜ばれる行動

私はこのエッセー集の第一部で、表題が「自分ではなく、神を喜ばす」の文（二〇頁）を書いた。私たちがどのようにしたら、神が喜んでくださるのであろうか。それが第一テサロニケ書四章の最初のほうに書いてある。

私たちが神に喜んでいただける言動には、積極的な面と消極的な面がある。それを拾ってみると、

(a)神がお喜びになる積極面は、
(1)私たちが聖くなること（3節）、
(2)自分のからだを聖く、尊く保つこと（4節）、
(3)互いに愛し合うこと（9節）、
(4)落ち着いた生活をして、品位を保つこと（11、12節）である。
(b)神がお喜びになる消極面は、
(1)私たちが不品行を避けること（3節）、
(2)情欲におぼれないこと（5節）、

(3)性欲をコントロールしない行動によって、信仰の兄弟姉妹を踏みつけたり、欺いたりしないこと（6節）である。

クリスチャンとして(a)、(b)のように歩んで、神を喜ばすようにしなさいと、パウロは次のように勧告している。「あなたがたはどのように歩んで神を喜ばすべきかを私たちから学んだように、……ますますそのように歩んでください」（Ⅰテサロニケ四1、新改訳第三版）。

(a)、(b)のように私たちがすることが、神の御旨を行うことになるのであるが、これらが自分の意志で行えていれば、それで合格と言えるかというと、クリスチャンはそうはいかない。この行動が出てきた基盤と動機が問われる。すなわち、そこに信仰があるかどうかである。「信仰がなくては、神に喜ばれることはできない」（ヘブル一一6）のである。私たちの行いから高慢を取り除くために、そしてその行いに下心がなく純粋であるために、すべてのことが聖霊の導きによってなされていることが重要である。

尊敬し合う夫婦

「結婚生活をうまくいくようにするコツは、夫と妻が互いに尊敬し合うことだ」と言うと、「エッ、妻をですか？　尊敬するんですか」と目を丸くして驚く方がある。「そこまでするんですか？　尊敬ネー」と。

私は、『幸福と成功の秘訣Ⅳ』で、次のように書いた、「尊敬といたわり合いは、幸せな結婚生活を約束する」、「夫婦の理想的な姿は、尊敬し合っていることである」（同書二七八、二七九頁）と。

本当に聖書でもそのように言っているのだろうか。調べてみるとそのように書いてある。「おのおの汚れのない心と尊敬の念をもって妻と生活するように」（Ⅰテサロニケ四4、新共同訳）。「夫たちよ、妻を……命の恵みを共に受け継ぐ者として尊敬しなさい」（Ⅰペテロ三7、同）。

尊敬できないのは、相手の欠点ばかりを見ているからである。尊敬できるようになる第一歩は、相手に対して、自分は片目片耳を塞ぐことである。相手には長所もあるはずである。ここにこそ両目をしっかり見開いて、よくやってくれることに感謝することである。

心遣いや興味など、自分にはないことを発見して、それに驚くことである。もっと大切なことは、「この人も主から愛されている人なんだ」と尊く認めることである。そして、自分が主を第一に愛することを徹底することである。主を第一に愛している人は、妻を第二番目に愛するようになって、それ未満に愛するようなことはなくなる。

伴侶を尊敬するようになるポイントは、相手が持つ、自分と異なるところに驚き、相手の良点、長所に敬意を払うことである。

神の愛による召しの生活

私たちはなぜ今、クリスチャンになっているのだろうか。神がキリスト者を選ばれたには神の目的がある。世にはたくさんの人々がいる。その中から、あの人でもなくこの人でもなく、特別に定めて選び出されたには、選ばれた人への神の目的がある。神が私たちに将来何かをさせようとする目的ではなく、神が私たちに現在何かをしてあげようとされている目的である。神が愛だからである。

神は聖なる方であると同時に愛なる方でもある。神は愛する対象として、そして神のみこころに沿った生活をする生命体を創って、親しく義《ただ》しい交わりを続けていこうと、人間をお創りになった（創世一27、二8、15～17参照）。ところが創られた人間は、神のみこころどおりには行動せず、神を離れて自分勝手に生活するようになった。そして自ら貧しくなっていった。そこで神は人々の中から、神の愛を注ぐ対象として神の御旨を満たす人を選び、召し出すことにされた（Ⅱテモテ一9参照）。この召し出しは今も続いている（ヨハネ五17参照）。

キリスト者は、自分が選んで信仰を持ったと思いがちであるが、信仰を持つようになった根本の裏には、神の愛に基づいた神の選びと召しがある。

それでは、その召しには、神のどんな目的があるのだろうか。神が選び出した者へ持っておられる神の目的の第一は、聖なる神との交わりを持つに相応《ふさわ》しい誠実さを、選び出した者の内と外に保持させることである。選び出された私たちは、神の目的に沿って聖さを保たなければならない。だからパウロは、私たちが召された目的の第一に、私たちが聖潔を保つべきことを、次のように言っている。「神が私たちを召されたのは、汚れを行わせるためではなく、聖潔を得させるためです」（Ⅰテサロニケ四7、新改訳第三版）と。

第二として、私たちに神の愛の益を得させるためであった。サタンによる罪の束縛から解放して、人間としての真の自由を得させるためであった。これは、「兄弟たち。あなたがたは、自由を与えられるために召されたのです」（ガラテヤ五13、同）と記されている。

第三に、私たちに神の国とその栄光および祝福を得させるためであった（Ⅰテサロニケ二12、Ⅰペテロ三9参照）。

私たちキリスト者は、何よりもまず、神が愛の対象として私たちを選び出してくださったこと、それゆえに私たちの生活が神の召し出しに基づいて歩むべきであることを強く自覚して、愛してくださる神の私たちへの目的に感謝しつつ、信仰を続けていくべきである。

肉に書かれた聖書

私たちは、生きた肉に書かれた聖書であり、手紙である。世の人々は、私たちクリスチャンの振舞い方や日常の生活の仕方を読んで、天の父やイエス・キリストのことを知ろうとしている。

パウロは、私たちのやわらかい肉の心（エゼキエル一一19参照）に書かれた御言葉の教えや戒めが、世の人々への紹介状となって読まれていると、次のように書いている。「わたしたちの推薦状は、あなたがた自身です。それは、わたしたちの心に書かれており、すべての人々から知られ、読まれています。あなたがたは、キリストがわたしたちを用いてお書きになった手紙として公にされています。墨ではなく生ける神の霊によって、石の板ではなく人の心の板に、書きつけられた手紙です」（Ⅱコリント三2〜3、新共同訳）。

世の人々が私たちのよい行いを見て、天にいますわたしたちの父を崇めるようになる（マタイ五16参照）ためには、私たちが品位を保った生活をすることである（Ⅰテサロニケ四12参照）。品位を保った生活をするには、心の内にあっては聖潔であることに努め、見える外にあっては冷静で落ち着いた行動をし、真剣に仕事に励み、熱心に働くことである

(同四11、創世一28参照)。そうすれば教会の外の人々に対して、立派に振舞うことができる(Iテサロニケ四12参照)、人々の目を教会に向けさせることができる。

信仰者は、信じていない人々からも尊敬されるぐらいでなければならない。これがクリスチャンの世の人々への、生活を通しての証詞である。人々が教会に魅力を感じるか否かは、信仰者が日常において、どんな生活をしているかにかかっている。

キリスト再臨を待つ態度

イエス・キリストの再臨の切迫性と即刻性の文字を注解書に見たので、私なりに考えを巡らせてみた。

切迫性とは、イエス・キリストの再臨がすぐそこまで迫っていると信じることであり、即刻性とは、イエス・キリストの再臨は、だいぶ先の話だというのではなく、すぐにもある、今日にでもあると信じることである。

イエス・キリストの再臨を切迫と捉えることも即刻と捉えることも、聖書によって望まれることでも説かれていることでもない。正しい信仰のあり方は、その日、その時は誰も分からず、天の父だけが知っておられるという態度である（マタイ二四36、42参照）。

キリストの再臨が切迫しているので、地に足が着かず右往左往して、仕事や生活に落ち着いて身が入らないというような状態は、正しいキリスト教をまだ十分知らずに行動したテサロニケ教会の一部の人々に似ている。そんな人には、「私たちが命じたように、落ち着いた生活をすることを志し、自分の仕事に身を入れ、自分の手で働きなさい」（Ⅰテサロニケ四11、新改訳第三版）と警告される。

キリストの再臨が即刻あると信じて、熱狂的になり、転げ回り踊り回るような、常識人では考えられないような行動をとることは、世の人々に正常とは思われず、神の御旨の証詞にならない。キリストの再臨に関することであっても、「外の人々に対してもりっぱにふるまうことができ」（Ⅰテサロニケ四12、新改訳第三版）るクリスチャンでなければならない。

神の前にあっては、時の流れは、「一日は千年のようであり、千年は一日のようである」（Ⅱペテロ三8）ので、この世の時計では、神の時間は計れない。切迫も即刻も計れない。であるから、キリストの再臨に関してとる正しい態度は、

①「マラナ・タ（主イエスよ、きたりませ）」（黙示録二二20）と祈りつつも、

②思慮深い五人のおとめのように、聖霊に十分に満たされて（マタイ二五4、13参照）、

③いつ来られてもよいように気を引き締めた緊迫性をもって、十分な準備をして待つことである（同二四44～51、二五14～30参照）。

これが私に与えられた結論である。

死の悲しみの違い

パウロはテサロニケの信徒たちに、同じく私たちに、是非知っておいてほしいことがある、知らないでいてほしくないことがある、と言っている、「あなたがたに知らないでいてもらいたくありません」（Ⅰテサロニケ四13、新改訳第三版）と。

何を知らないでいてもらいたくないと言っているのだろうか。死と死からくる悲しみについてである。「眠った人々のこと」（同四13、同）と「他の望みのない人々のように悲しみに沈むことがないこと」（同）である。ここでの「他の望みのない人々」とは、「神を知らない異邦人」（同四5）であり、教会の「外の人々」（同四12）のことである。

死に関連して、クリスチャンと神を知らない人々との間には、大きな違いがある。他の望みのない外の人々にとっては、死は永遠の別れであり、滅亡である。だから二度と会うことはない。彼らにとっては死は恐ろしいものであり、死別することは絶望的で大きな悲痛である。

だが、私たちクリスチャンにとっては、たとえ愛する人が死んだとしても、その人と御国で再会できる望みがあり、その人は再び甦らされるとの希望がある。主イエスの再臨時には、主は彼らを一緒に連れてこられるとも書いてある。「私たちはイエスが死んで復活されたことを信じています。それならば、神はまたそのように、イエスにあって眠った人々をイエスといっしょに連れて来られるはずです」（Ⅰテサロニケ四14、新改訳第三版）と。

私は、二十九歳の息子を亡くした父親として思う。愛する人と死別することは悲しい。だがその悲嘆は、絶望の悲痛ではなく、望みがあっての悲しみである。愛する人との深い交わりがあったことを想い出しての心残りの悲しみである。外の人々のような全くの滅亡に対する絶望の悲嘆ではない。むしろあの貧者ラザロのように、主の御腕と御胸に憩う安心感をもっての悲しみである（ルカ一六23参照）。

私たちには、パラダイスへ旅立った人々と再会する希望がある。だから私たちキリスト者には、死別の悲しみはあっても、そこに少しの平安が付け加えられる。こんなところにも信仰を持つ者への祝福を伴った慰めがあるのであろう。

目覚めて再臨を待つ

主の再臨の時機はいつであるかは誰にも分からず、切迫性も即刻性も態度としてふさわしくなく、緊迫性をもって、いつ来られてもよいように緊張感をもって、聖霊に満たされつつ、十分に備えをして待つべきである、と前々節（一六二頁）で書いた。

緊張感をもって準備して待つべき理由は、第一に、主がいつ来られるか分からないことと、第二に、来られる時は、人が安心しきって思いもよらない時に突如として再臨されるからである。それはちょうど、私たちが眠っている夜中に盗人が突然襲ってくるようなもので、誰もそれから逃がれることができないという（Ⅰテサロニケ五2〜3参照）。

「人々が平和だ無事だと言っているその矢先に、ちょうど妊婦に産みの苦しみ（陣痛）が臨むように、（それは必然であり、逃がれられず）突如として滅びが彼らをおそってくる」（同五3）ということは、ここでパウロが言うだけではなく、主イエスご自身が、ノアの洪水の時もまたソドムに天から火と硫黄が降ってきた時もそうであったと、例を挙げて語っておられる。すなわち、「ノアの時にあったように、人の子（イエスが来る）の時にも同様なことが起るであろう。ノアが箱舟にはいる日まで、人々は食い、飲み、めとり、とつぎなどしていたが、そこへ洪水が襲ってきて、彼らをことごとく滅ぼした。（ソドムで生活していた）ロトの時にも同じようなことが起った。……人の子が現れる日も、ちょうどそれと同様であろう」（ルカ一七26〜28、30）と。

世界の人々は、「安全だ、平和だ、無事だ。世の始めから今日に至るまで、何の変わりもない。主の再臨というけれど、その約束の実行はどうなっているのか」（Ⅱペテロ三4参照）と言って、日々の世事に夢中になり、世の楽しみに心奪われている。このような状況にあっても、前もって警告を与えられている私たちキリスト者は、目を覚まして、心身の十分な準備を整えて、主の再臨を待っていたい。

眠りと目覚め

聖書に使われている用語の「眠る」「目覚める」にはいろいろな意味があって、易しい言葉ではあるが興味深い。

一般に隠喩を含まず字義どおりにとれば、日々にある眠りと目覚めのことを言っている。例えば「眠る者は夜眠り」（Ⅰテサロニケ五7）のようにである。

隠喩的に使うと何種類かある意味を表す。まずは、生死を表す場合がある。世間一般でも「永眠に入った」とか「安らかにお眠りください」などと言う場合があるが、聖書でも「眠った人々については、無知でいてもらいたくない」（同四13）と、死去した人々のことを暗に示している。

無関心や怠惰な状態あるいは霊的無感覚を「眠る」と表現する場合がある。これに対し、目覚めていることとは、目を大きく見開いて、知覚感覚を鋭くし、周囲の状況をよく見つめ、警戒を怠らないことを意味する。その例としては、次の御言葉がある。「だから、ほかの人々のように眠っていないで、目をさまして慎んでいよう」（同五6）。「目を覚ましていなさい。いつ、家の主人が帰って来るのか……わからないからである。あるいは急に帰ってきて、あなたがたの眠っているところを見つけるかも知れない」（マルコ一三35～36）。

「眠る」、「目覚める」を字義どおりにとってもよいし、生死に関して言っている場合もある。例えば次の御言葉である。「キリストがわたしたちのために死なれたのは、さめていても眠っていても、わたしたちが主と共に生きるためである」（Ⅰテサロニケ五10）。この場合の本来の意味は、直前の四章13～15節が支持するように、「私たちがこの地上に生命を受けて生活を続けている間も、また、死んだ後にパラダイスにいる時にも、キリストは私たちと共に生きて、人格的な交わりをしてくださる」である。これを「日々の睡眠中であっても、まどろむこともない主は（詩篇一二一4参照）、私たちと共にいて守っていてくださり、私たちを熟睡と快眠の平安の中に入れてくださる」と読むのもおもしろい。

きよめの三つの特徴

きよめられ、聖霊に満たされた人には、三つの特徴があるという。それが、
①いつも喜んでいる、
②絶えず祈っている、
③すべてのことに感謝している、
という特徴である（Ⅰテサロニケ五16〜18参照）。きよめられていないと、あるいは聖霊に満たされていないと、いろいろな問題の多い世の中にあって、この三つの特徴を合わせ持つことは難しい。

この三つの特徴は、自分で獲得するというよりも、きよめられた者に主から与えられ、そしてそのような人から出てくる信仰行為である。

①苦難の多いこの世の中にあって、順風満帆の順境の中にあろうと、患難迫害の逆境の中にあろうと、どんな境遇にあっても喜んでいられるのは、神の平安が心に満ちているのでなければできない。これはきよめられた者にのみ、御霊の実として与えられる神の賜物である（ガラテヤ五22参照）。

②祈りは、自分の内に備えられた霊と神との間の交流であり、聖霊が仲介してくださる信仰活動である。この祈りは、自分の霊が聖霊で満たされていないと、絶えず祈るということはできない。どんな状況、どんな状態になっても心乱されることなく、願いを訴え御心を知らせていただくために神と交わり、祈りを続けられるというのは、きよめられていることの証拠である。

③誤解、強要、冷遇、左遷といった取り扱いを受け、耐えられないほどの艱難の中に放り込まれても、それでも「すべてのことに感謝」していられるのは、信仰による確信がないとできない。

その確信とは、「神は……あなたがたを耐えられないような試練に会わせることがないばかりか、試練と同時に、それに耐えられるように、のがれる道も備えてくださる」（Iコリント一〇13）ということと、「神は、神を愛する者たち（に）、……万事を益となるようにして下さる」（ローマ八28）という確信である。これらの確信をもって揺るぎなく進むことができるのも、きよめられて固い信仰を持つようになり、満ちた聖霊の助けがあるからこそできることである。

不平、不安、不信の「古き人」から解放された私たちは、真にきよめられ、聖霊に満たされて、キリスト・イエスにあって、いつも喜び、絶えず祈り、すべてのことに感謝していきたい。

五つの命令

第一テサロニケ五章のパウロが勧めている五つの命令で、分かりにくいところがあったので、調べてみた。まずその五つとは、①御霊を消さないこと、②預言を蔑《ないがし》ろにしないこと、③すべてのことを見分けること、④良いものを堅く守ること、⑤悪を避けること、である（Ⅰテサロニケ五19～22参照）。

①「御霊を消さない」とは、御霊が火で譬えられたり（使徒二3参照）、「霊に燃えて」（使徒一八25）と表現されるところから、ある程度理解できる。「御霊を消す」は、怠惰、不道徳、不服従などによって御霊を憂えしめることの「聖霊を悲しませる」（エペソ四30）と同じような意味にとってよいであろう。

「消す」についてであるが、御霊に満たされて燃えている時には、「愛、喜び、平和、寛容」（ガラテヤ五22）がその人に現れるが、御霊を消すようになると、これらの御霊の実とは反対に、失望、落胆、無慈悲、怠惰、不品行などがその人に出てくる。こうなってはいけないと勧告されているわけである。

②ここの「預言」は、旧約のような、神の意志を代弁したり、将来起こることを予

言することではない。新約の時代には預言者と言われる人が多くいて（使徒一三1、一五32、二一9、10参照）、福音や御言葉を説き明かしていた。これらの人々が語る宣教の言葉あるいは聖書解釈の解き明かしによる勧告や告知の言葉を蔑ろにしてはいけない、と戒めている。

③「見分ける」は判別することで、本物か偽物かをよく目をこらして見抜き、判断を下すことである。世の中には、真実で本物はそれほど多くはなく、強いて言えば一つしかなく（ルカ一〇42参照）、その周りには、多様な事柄がいろいろな方法と言語で主張されている。さらにその外側には、偽物が山ほどあって、騙してやろうと待ちかまえている。だから「すべてのことをよく見分け」ないと、大きな被害を受けることになる。

④そうであるから、本物か偽物かを判別して、「本当に良いものだけを選んで、それを堅く守るようにしなければいけない」ということになる。

⑤同じく、悪であると判断されたならば、「どんな悪でも避けて」、常に聖さと義しさに留まるように努め、キリスト者としての品位を保つようにしなければならない。

以上がパウロが勧告する五つの命令の内容である。この①～⑤はそれぞれ関連があって、

①、②、⑤は禁止命令、③、④は勧奨命令である。これらの命令・勧告を自分のものとして実践し、豊かな信仰生活を続けていきたい。

人体の構成

私がお茶の水聖書学院で持っていた講座で、「人の構成」という授業を行ったことがある。その時の結論は、人体の構成については、最近は、霊・魂・体を一元で捉えるところの条件付き統一体説が主流を占めているが、昔から称《とな》えられてきた二分説や三分説をもって考えるのも、理解を早める一つの方法である、ということであった。これをもう少し詳しく説明してみる。

人間は、身体の物質的部分と霊魂の非物質部分とで構成されていて、霊魂は霊の部分と魂の部分の二つに分けて考えることができる。前者が二分説の考え方で、後者が三分説の考え方である。

第一テサロニケ書五章23節の「あなたがたの霊と心とからだとを完全に守って、わたしたちの主イエス・キリストの来臨のときに、責められるところのない者にして下さるように」は、三分説を説明する時に引かれる御言葉の一つである。

霊は、霊の器としても考えられ、ここに聖霊をお迎えして住んでいただくし、自分の霊と共に神との交流をする機関でもある。したがって霊は、神的交友座とも言われる。

魂は生命・精神座であって、人格の中枢を担い、この部分で知・情・意の理性的活動と感性的活動をなし、欲求を発し、欲望やその傾向性を生み出す。理解、創造、記憶、意志、決断などは理性的活動としてなされ、情動、快・不快、感受、鑑賞などは感性的活動として、この部分でなされる。

身体は、生活や行動する場合の、外部へ働きかける機関である（武器、道具、ローマ六12～13参照）とともに、霊や魂を容《い》れる器でもあり、聖霊の神殿であるとも言われている（Ⅱコリント四7、Ⅱテモテ二21参照）。

人は、身体、魂、霊が個々に独立分裂して行動や生活をするのではなく、一緒になって統合して活動するので、人を全人格的に捉えて、人の全存在をもって理解するのが一番よい方法であるが、身体、魂、霊のそれぞれがどんな働きをして、機能を分担し支え合っているかを知って理解することも、信仰を強める助けになるのではなかろうか。

第五章 テサロニケ人への第二の手紙から教えられること

それは、わたしたちにその権利がないからではなく、ただわたしたちにあなたがたが見習うように、身をもって模範を示したのである。また、あなたがたの所にいた時に、「働こうとしない者は、食べることもしてはならない」と命じておいた。（テサロニケ人への第二の手紙三9〜10）

永遠の刑罰を受ける人

人が神の前に立たされて審《さば》きを受けるとの話をすると、よく次のような質問をして心配される方がいる。

①うちのおじいちゃん、おばあちゃんは地方にいて、キリスト教の話を聞かずに死んでいったが、どうなるのだろうか。

②○○ちゃんは三歳で亡くなって、福音なんて全く理解していなかったけれど、地獄行きを判決されるのだろうか。

③○○さんは、発達遅延の知的障害を持っていて、聖書の話をしても何のことだか分からないように無反応なのだが、審判はどういうことになるのだろうか。

④キリスト教を知らなかった昔の時代の人はどうなるのだろうか。

⑤アマゾンの奥地に住む原住民で、キリスト教宣教にまだ接していない人々はどうなるのだろうか。

これらの心配や疑問は無用であるというのがその答えである。天の父は、無慈悲な方でも不寛容な方でもない（ヨナ四2参照）。事情をよく調べて審決される。主イエスは、幼児を側《そば》に呼んで、「神の国はこのような者の国である」（マルコ一〇14）、「幼な子のように、神の国を受け入れるのに素直でなければ、そこに入れない」（同一〇15参照）と言われて、受け入れられている。また、律法を持たない、あるいは福音が伝えられていない人々に対しては、人に備えつけられている良心と共に審かれる、とも書いてある（ローマ二12〜15参照）。

このように、神は律法を画一的に適用する教条主義者でもなければ、事情を勘案しない冷酷な方でもない。むしろご自身がお創りになった人間を大事にしてくださるお方である。

どんな人が地獄行きの審決を受けるのかは、聖書に次のように書いてある。「主は神を認めない者たちや、わたしたちの主イエスの福音に聞き従わない者たちに報復し、そして、彼らは……永遠の滅びに至る刑罰を受ける」（Ⅱテサロニケ一8〜9）。「聖霊に対して言い逆らう者は、この世でも、きたるべき世でも、ゆるされることはない」（マタイ一二32）。すなわち、福音を聞いていながら、敢えて反対したり、拒否する人や、聖霊の語りかけに頑なに心を閉ざし、故意に拒絶する者に対して、永遠の滅びへの刑罰が判決されるのである。

滅びを招かない

「死んだ後に滅びてしまうなら、何も心配することも恐れることもないじゃないか」と言う人がいる。これは誤解である。こんな誤解から離れられるように、滅びるとはどういうことなのかを再確認しておきたい。

滅びは絶滅ではない。消えて全くなくなってしまうことではない。これですべておしまいということではない。滅びるにはその先があって、状況が継続される。だから主イエスは、次のように警告された。「むしろ、からだも魂も地獄で滅ぼす力のあるかたを恐れなさい」（マタイ一〇28）。「恐れるべき者がだれであるか、教えてあげよう。殺したあとで、更に地獄に投げ込む権威のあるかたを恐れなさい」（ルカ一二5）。このように滅びの先には地獄がある。その「地獄では、うじがつきず、火も消えることがない」（マルコ九44）。

「滅びる」には、二つの意味が含まれている。

①一つは、主との関係が絶たれることである。神との関係が断絶されて、神のあわれみも恵みも栄光も受けられなくなる。

②二つ目は、罪の報酬として極苦を受けることである。地獄の火と硫黄で焼かれ続け、

永遠に渇き苦しみ悶《もだ》えることになる。

①一つ目の神との断絶については、次のように書かれている。「彼らは主のみ顔とその力の栄光から退けられて、永遠の滅びに至る刑罰を受ける」（Ⅱテサロニケ一9）。

そして、②二つ目の極苦については、「火と硫黄との池に投げ込まれた。そこには、獣（不法の人）もにせ預言者もいて、彼らは世々限りなく日夜、苦しめられるのである」（黙示録二〇10）、「このいのちの書に名がしるされていない者はみな、火の池に投げ込まれた」（同二〇15）と書かれている。そこでの苦しみと渇きはどんなものであるかは、貧者ラザロと金持ちとの譬《たとえ》の、金持ちの悲痛な叫び（ルカ一六24参照）に表れている。

罪を犯し、それを悔い改めることなく死んだ者は、上記のように「滅びる」のであって、どんなに後悔してみても生前には戻れず、取り返しのつかないことをしてしまった結果は、神との関係という測り知れない恵みを失うことになり、耐え難い極苦を永遠に受け続けることになる。

誤解をしてこのような滅びを招くことのないように、堅固で正しい信仰を保っていきたい。

キリストの忍耐

第二テサロニケ書の三章に、分かりにくい言句があったので調べてみた。その御言葉は、「どうか、主があなたがたの心を導いて、神の愛とキリストの忍耐とを持たせて下さるように」（Ⅱテサロニケ三5）である。

この「神の愛」も「キリストの忍耐」も、神の側と人の側の両方について考えてよいようである（『ティンデル聖書注解』一六一頁）。すなわち、「神の愛」は、神が人を愛してくださることと、人が信仰によって神を愛することである。「キリストの忍耐」は、主イエス・キリストが贖罪完遂のために忍耐されたことと、人がこの忍耐に励まされ力づけられて、外部から来る苦難や迫害などに耐え忍ぶことである。

神は私たちを限りない愛をもって愛してくださる（エレミヤ三一3参照）。私たちはこの愛によって、どんなにか平安に、心豊かに生活し、人生に前向きに取り組んでいけるかしれない。また、この神の愛があるからこそ、私たちも心から神を愛し、神のみこころに応えていきたいと、信仰生活に励む。

「キリストの忍耐」の「忍耐」が意味するところは、「最大級の試練や患難が押し寄せてきても、十分に考え抜かれた計画をもって、あるいはその計画に従って、忠実な信仰と敬虔な態度をもって、寸分も揺らぐことなく、着実に遂行していく力」のことである。

主イエス・キリストは、打たれようが罵倒されようが、茨の冠をかぶせられようが、つばを吐きかけられようが、天の父の救いの大計画を完遂するために、黙して「おのれを低くして、死に至るまで（忍耐を通し）、しかも十字架の死に至るまで（神の御旨に）従順であられた」（ピリピ二8）。キリストは忍び通すだけでなく、自分の手と足を太釘で打ち抜き、十字架につけて虐殺する人々のために、「父よ、彼らをおゆるしください。彼らは何をしているのか、わからずにいるのです」（ルカ二三34）と、執り成しの祈りさえして、人への愛と神への信頼を示された。

このキリストの確固不動の忍耐と愛を知っている私たちクリスチャンは、キリストの跡を踏んで倣い、どんな試練や患難が襲ってきても、神とキリストに信頼する堅い信仰をもって、私たち各自へ与えられた使命への計画を、忠実に果たしていくことができる。このような忍耐を持つ私たちを、天の父は喜んでくださる。

身を入れて働く

私は勤労を、神聖なことであり、また喜びを得る源泉であると受け取っている。しかし、こうは考えなかった人々がいたようである。

パウロは、テサロニケ教会の一部の人々に対し、「自分の仕事に励み、自分の手で働くように努めなさい」（Iテサロニケ四11、新共同訳）と言い、「自分で得たパンを食べるように、落ち着いて仕事をしなさい」（IIテサロニケ三12、同）と勧告している。さらにもっと強い言葉で「働きたくない者は、食べてはならない」（同三10、同）とまで命じている。これはパウロ独得な個人的労働観であるかというと、そうではない。聖書全体に一貫して流れている、神から人への命令である。

創造主は人をエデンの園に置いて、神との交わりの生活を続ける基盤として、また生きていることの充実感を感取できるように、園を耕させ、これを守らせ（管理させせ）られた（創世二15参照）。また、創造した人の生きる目的の一つとして、文化命令を与えられた。すなわち、「産めよ、増えよ、地に満ちて地を従わせよ。海の魚、空の鳥、地の上を這う生き物をすべて支配せよ」（創世一28、新共同訳）と命ぜられた。

十戒の第四戒においても、「六日の間働いて、何であれあなたの仕事をし（なさい）」（出エジプト二〇9、同）と戒命された。七日目に恵みの主との深い交わりを持つためである。労働は、人間が生活していくために必要なものを、天地海（使徒一四15参照）などから得る活動であり、人だれもがその労働の一部を、それぞれが分担して負う義務でもある。そして、働くことは、生きていることを実感し、生きている充実感を与えられるための手段でもある。この意味で、働くことは神が人に与えられた祝福の一部である。

そうであるから、私たちは、テサロニケ教会のある人々がそうしたように、再臨といった適当な口実を設けて、ただ徒《いたず》らに動き回り、働いているかのように見せかけ、何の仕事もせずに締まりのない生活をする（Ⅱテサロニケ三6、7、11参照）、そのようなことはしたくない。むしろ落ち着いた生活をしながら、自分に与えられた仕事に身を入れて励み、責任を忠実に果たし、パウロのように、身をもって模範を示すぐらいにして、働き続けたいものである（同三8〜9参照）。

あとがき

「聞いたことのない者を、どうして信じることがあろうか」（ローマ一〇14）、「信仰は聞くことによるのであり、聞くことはキリストの言葉から来るのである」（同一〇17）とあります。私は二十二歳で救いを受けて、その時に与えられた使命「それは、早くからキリストに望みをおいているわたしたちが、神の栄光をほめたたえる者となるためである」（エペソ一12）に従い、半世紀を超えて実社会で働き、また教会や学院等で奉仕してきました。その活動の一環として、十数冊の聖書に関わる書籍を執筆して、主を紹介してきました。本著もその延長線上の一冊として加えさせていただいたものです。

人の歩む生涯の道は、輝かしい道ばかりとは限りません。時には大失敗に陥ったり、誘惑に負けて過ちを犯してしまう場合もあるでしょう。しかし重要なことは、どんなに険しい道を歩んだとしても、ただそこをなんとか切り抜けたというだけで終わらせず、その失敗や過ちから何かを学び取るということが肝要でしょう。それによって自分を人間として成長させることができたなら、その失敗は失敗でなく、自分には成功であったと言ってよいでしょう。

歴史上で起こったことは、単に過去の一つの出来事として見過ごされるべきものではありません。神はそこから私たちに何かを知らせようと語りかけておられます。それが聖書の記述というものでありましょう。「聖書は、すべて神の霊感を受けて書かれたものであって、人を教え、戒め、正しくし、義に導くのに有益である」（Ⅱテモテ三16）と書かれています。ですから、聖書に書かれている歴史上に展開された一つひとつの事件や事柄を正しく読み取って、自分の人物確立の糧にすることは大切なことです。同じように、本書が読者の皆様の何かにお役に立つことができたなら、著者としてこの上ない喜びです。

本著が書籍になったいきさつは、次のとおりです。本著の最初にあるエッセーの一部は、日本ホーリネス教団上野教会の月刊誌「まきば」に連載されたもので、その一文をいのちのことば社の出版責任者・峯島専務にお見せしたところ、「これは本になります。編集長に連絡しておきましょう」とありました。そこで前著『幸福と成功の秘訣』シリーズでお世話になりました根田祥一前編集長と山口暁生編集担当に御労をいただき、出版にこぎつけることができました。山口氏には多くの助言をいただきました。ありがとうございました。

拙著に目を通してくださった読者の皆様に、主からの大いなる祝福がありますよう、お祈り申し上げます。

二〇二一年二月　久喜の自宅書斎にて

中島總一郎

《著者略歴》

1943年　東京都江東区に生まれる
65年　日本ホーリネス教団立川教会で洗礼を受ける
66年　芝浦工業大学　電子工学科卒業
（株）芝浦電子製作所　入社
78年　一級生産士取得
83～84年　日本ホーリネス教団　上野教会責任役員
84～85年　JIS電子回路部品用語専門委員
久喜キリスト教会開拓委員会　委員長
95～96年　電子材料国際整合化委員
IEC（電気電子世界標準規格）60539
サーミスタ規格の改正日本提案代表（独・ドレスデン）
96～97年　（株）岩手芝浦電子　代表取締役社長
97～98年　（株）上海芝浦電子　總経理（取締役社長）
99年　ISO9001品質システム審査員補資格取得
2006年　お茶の水聖書学院　聖書本科卒業
08～11年　日本ホーリネス教団　信徒代議員
06～14年　お茶の水聖書学院　講師、評議員、参与、理事
08～14年　イーグレープ聖書人生塾　講師
10～17年　お茶の水聖書学院　研究コース　コーディネータ
11年～　日本ホーリネス教団　上野教会員
15年～　いのちのことば社　常任監事、理事

《著書》

『天命に立つ　～聖書の知慧に学ぶ』
（日本ホーリネス教団　久喜キリスト教会　宣教出版委員会）
『知慧に生きる　～救い完成と苦難克服』
『聖潔の探究　～ホーリネス到達と信仰完成』
『愛の完全　～神的愛と結婚愛』（以上、日本ホーリネス教団　出版局）
『満たされた生涯　～幼年・青年から壮士・快老へ』（日本ホーリネス教団　東宣社）
『死と神の国　～人生の最終到達目標』
『クリスチャン人生　瞑想録　～祝福生涯の秘訣』
『快老をいく　～御国を目指して　付：死への備え』
『図解　キリスト教信仰の基礎知識』
『図解　聖書理解の基本』（以上、イーグレープ）
『幸福と成功の秘訣Ⅰ　～聖書が教えるリーダーの心得
《指導者・企業トップ・経営編》』
『幸福と成功の秘訣Ⅱ　～聖書が教える人生の極意《生き方編》』
『幸福と成功の秘訣Ⅲ　～聖書が教える人物確立の道《品格修養・充実人生編》』
『幸福と成功の秘訣Ⅳ　～聖書が教える生活への指針《仕事・実生活編》』
（以上、いのちのことば社）
共著『やさしいセンサー技術』（工業調査会）

引用聖句は一般財団法人日本聖書協会発行　口語訳を使用

聖書教養エッセー１　**そうか、なるほど**

《福音書、パウロ書簡前半編》

2021年6月15日　発行

著　者　中島 總一郎

〒346-0032　埼玉県久喜市久喜新1187-20

TEL・FAX　0480-22-9529

印刷製本　日本ハイコム株式会社

発　売　いのちのことば社

〒164-0001 東京都中野区中野2-1-5

電話 03-5341-6924（編集）

03-5341-6920（営業）

FAX03-5341-6921

e-mail:support@wlpm.or.jp

http://www.wlpm.or.jp/

新刊情報はこちら

© 中島總一郎　2021　Printed in Japan

乱丁落丁はお取り替えします

ISBN978-4-264-04275-4

「幸福と成功の秘訣」シリーズ

中島總一郎 著　A5判各 224 ～ 368 頁

Ⅰ　聖書が教えるリーダーの心得

《指導者・企業トップ・経営編》

若いベンチャー企業を中堅企業に押し上げ、労働慣行の違う中国で子会社を興して評判の優良企業に育てた経営者が、従業員をイキイキさせた「有言実行」とは何だったのか？　**2420 円**

Ⅱ　聖書が教える人生の極意《生き方編》

どのように生活したら、事業に成功しつつ、若年から老年に至るまで人生を幸福に生きられるのか。その秘訣を、著者の実体験に基づいて、聖書の知恵から伝授する。　**1980 円**

Ⅲ　聖書が教える人物確立の道《品格修養・充実人生編》

私たちの人生は、人間完成のための一つの道場である。赤貧から身を成した著者が、品格を整え、人生を充実したものにする秘訣を短文とコラムで綴る第 3 弾。　**2200 円**

Ⅳ　聖書が教える生活の指針《仕事・実生活編》

自らの生涯を「悔いない満たされた幸いな人生であった」と振り返る著者が仕事や実生活を充実したものにしてきた秘訣を綴る、好評シリーズ完結の第 4 弾。　**2420 円**

価格はすべて 2021 年 5 月現在の税込定価（税 10%）です